金運は眉で決まる！

日本開運学協会 理事長
木村れい子

徳間書店

強運で、幸せになれる顔の決め手は眉！

金運眉と
金運爆上げ
億女メイク
光をたくさんまとうメイク
ピカらせる！　つやメイク
アイラインの目尻を
上向きにして、
マスカラで
まつ毛も上向きに
明るい色の
アイカラーで
影は入れない
ピンクの
チークを
人に愛される
「アーチ型」と、
仕事運に強い
「への字型」の
組み合わせの眉
口紅は明るく
きれいなピンク系で、
下唇のラインを
直線的に

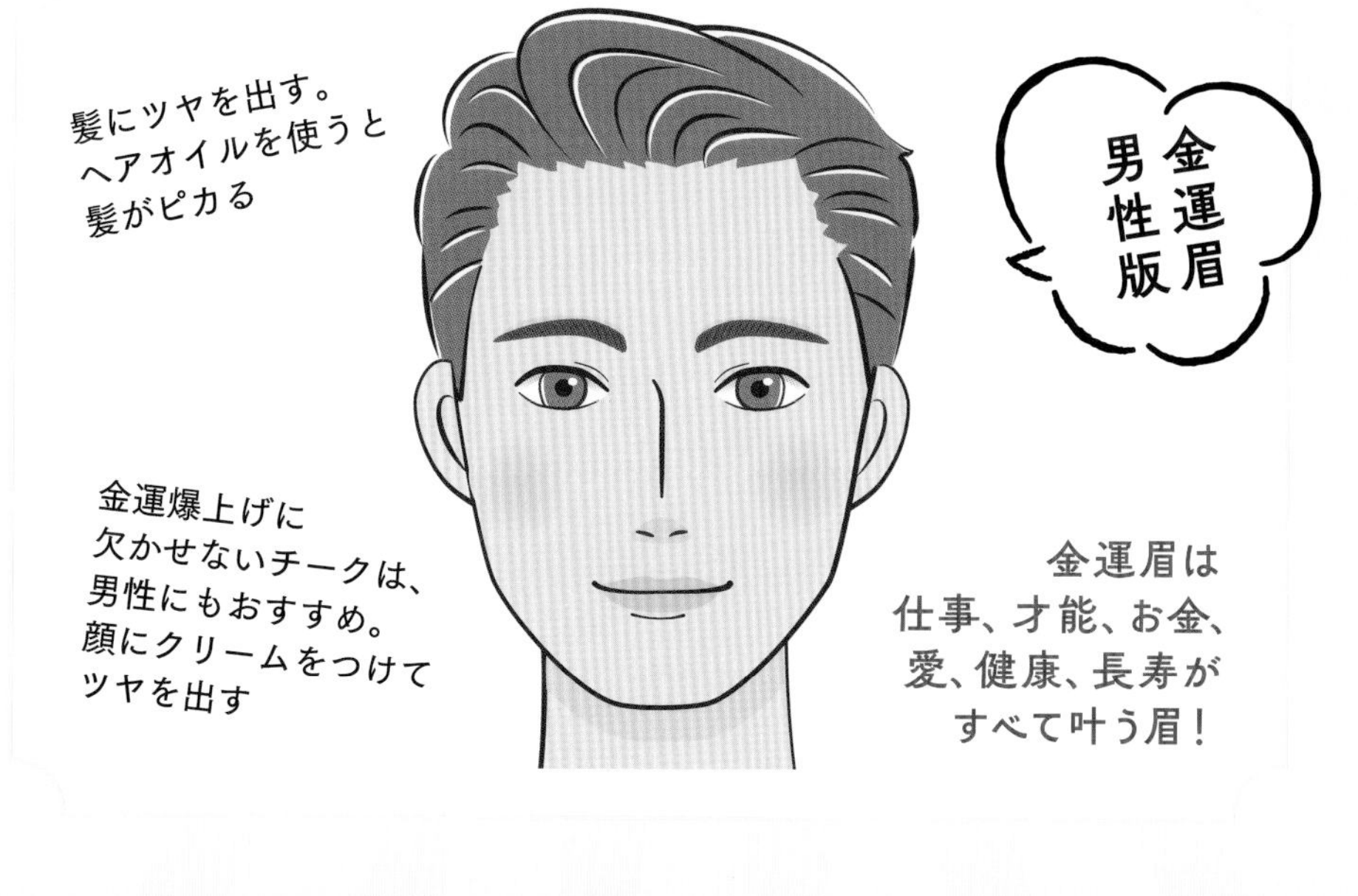

金運眉
男性版
髪にツヤを出す。
ヘアオイルを使うと
髪がピカる
金運爆上げに
欠かせないチークは、
男性にもおすすめ。
顔にクリームをつけて
ツヤを出す
金運眉は
仕事、才能、お金、
愛、健康、長寿が
すべて叶う眉！

金運眉を描いて起業！
年商10倍に!!

小高公美世さん

Before

After

小さなエステサロンの個人事業主だった私が、木村れい子先生に出会ったのは、コロナがはじまろうとしていた頃でした。

開運ラッキーメイクを学ばせていただき、毎日、金運眉を描いて鏡に映る自分の輝く顔にワクワクしました。

そうしたら、オンラインのお仕事や、新たなお仕事をいただくようになって、その後1年で起業、念願の会社を立ち上げて年商も10倍になりました！

いまでは、れい子先生の弟子としても開運ラッキーメイクをはじめ、金運眉を男性、女性に伝えており、皆さんの運気を爆上げしています。

木村先生のコメント

きみちゃんは、私と出会ってからたったの1年で、なんと自分の会社、株式会社ハヨラを立ち上げることができました!!

しかも、会社を起こして2期とも黒字です。

コロナ禍でも、順調に会社の売り上げを伸ばし、まさに奇跡のような爆上げの人生をどんどん上り詰めています。

顔を磨いて、金運眉を描くと、人生が丸ごと激変するんです！

私はきみちゃんの大変身を見て、確信に変わりました。

仕事が私を見つけてやって来る！
収入も激的アップ!!

佐々木弓子さん

Before

After

金運眉に変える前は、人のことで振り回されることが多く、収入が多くても、それに比例して出費が多く疲れが溜まる働き方でした。

金運眉に変えてから、仕事も順調になり、また素敵な方たちの善きご縁をいただき、月に一度は旅行に行けるようになりました。収入も激的に増え、いまはご紹介が増えて、仕事が向こうから「私を見つけてやって来る」ようになりました。

現在は、開運建築デザイン家として流行《はや》る店舗デザイン、福が来る開運ハウスの設計デザイン建築、現在のお住まいの家相鑑定、顔相を見て開運アドバイスをしております。

コロナ禍で設計デザインした店舗は私のアドバイスにより、売り上げを予想以上に伸ばしており、金運眉の良い運気がお客様にも良い影響を与えています。金運眉、最高です！

木村先生のコメント

開運建築デザイン家として大人気の弓子さん。お会いしたときは、美容にはあまり興味がなさそうだったけれど、今の弓子さんは見るからにお肌がきれいで、大黒天さまか、恵比寿さまのような大開運の福顔です！　金運眉を描いたことで開運ラッキーメイクや観相学、家相学も教えるすごい先生になり、仕事の依頼もふえて、大開運が加速し続けています！　このたび、とても広い土地と住居のついた、すごい不動産も手に入れることができて、大きな夢の実現の速度が速いです！

顔も人生も輝き、
タワーマンションも購入!!

高橋美佐子さん

Before

After

若い頃から肌にトラブルがあり、お金の苦労も多く、自信のなかった私ですが、れい子先生との出逢いにより、顔も人生も輝き、「自信」を取り戻したことで、どんどん運もよくなり、自分名義でタワーマンションを購入することもできました。

眉をしっかり描き金運眉にしてから、嬉しい仕事が舞い込み、都内のマンションの価値も上昇し、本当に良い方と巡り会え、いつも笑っている自分がいます。

年々、外見も気持ちも若くなるので、58歳という年齢を忘れるくらい、毎日楽しくすごしています。

現在は、開運ハッピー顔プロデューサーとして、顔相鑑定、造形美容、開運ラッキーメイクをお伝えし、みなさんの運気を爆上げしています。

木村先生のコメント

20年以上の長いお付き合いのみさちゃんは58歳にはまったく見えない若々しさで、年々若返って運気が上昇しているのがよくわかります！

どんどん値が上がり続けるすごい物件を手にされて、まさに億女まっしぐら！

以前はくすみがちだったお顔も、今はピカピカ女神で輝いています。

見るからにお金持ちオーラ満載です。年々幸せになっていくって、すごいことですよね。購入したマンションと同様に、自分という資産の価値を高める生き方に、心から称讃します！

売上げが30％アップ！
都内に億の一戸建てを購入!!

彩園なおこさん

Before

After

私は自分の顔に興味がなく、メイクも３分ですませていました。しかし顔と脳が繋がっていることを知り、金運眉に変えたら目の前の現実が大きく動きました。

具体的には売上げが30％アップして、都内に一戸建てを購入、マンションが購入時より高く売れるなど、金運に恵まれました。

子育て真っ最中ですが、今では月に10日働き、10日は好きなことをして、残りの10日は自己研鑽の時間にあてる生活を送っています。

月１回ホテルに宿泊し、豊かな時間をすごすことを大切にしています。

私は今、顔相と声紋を用いた印象ＵＰを通じて、ご機嫌に輝く女性支援をしています！　顔は変わる、顔が１番早い！

これは私自身が体験し、ご縁をいただいた方も実感されたことです。

金運眉にすると、出会う方が変わり、出会った時に大切にしていただけるようになります。

木村先生のコメント

観相学を学ぶことで、どんな顔が福を呼び込むかがわかり、今では福の神のような幸運を招く顔に激変しました！　また、大富豪やアーティストだったご先祖さまの応援が増してきて、幸せいっぱいのなおこちゃんです。マンションも高値で売れて、都内に億の一戸建てを購入し、最近ではアートの才能が目覚めて、アーティストにもなって、なおこちゃんの世界観が大人気になっています。

金運眉で思わぬ臨時収入が！
海外旅行をエンジョイ!!

加藤仁美さん

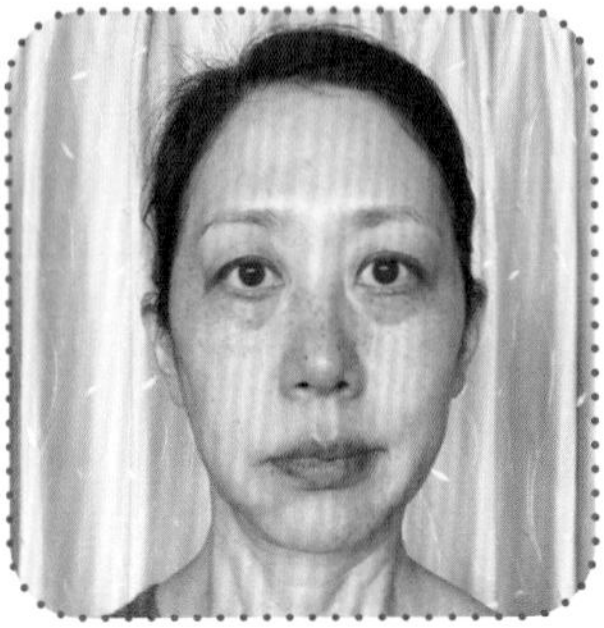

Before

After

親の介護で気力も体力もヘトヘトな時に、金運眉に変えました。

一瞬で気持ちが上向きになり笑顔が増え、思わぬ臨時収入も入ってくるようになりました。

62歳になったいまは、自分がやりたいことをすべて選択する生活を送っています！　今年はフランス、マレーシア、香港へ旅行しました。

現在は、「開運美容家」として、デュアルライフ（２拠点生活）をしながら、顔相鑑定や開運ラッキーメイクの講師として、皆さんにお顔磨きの素晴らしさをお伝えしています。

木村先生のコメント

初めてお会いしたのは私のＺＯＯＭのセミナーでした。画面上から見る仁美ちゃんは、暗い感じで、画面から顔がよく見えませんでした。

ところが、開運ラッキーメイクと金運眉を描くことで、びっくりするほどパァーっと明るくなり、別人になりました。

最近の仁美ちゃんは綺麗で若くなったので、ますます世界中を元気に飛び回って、年齢に関係なく、素晴らしい方々とどんどん繋がっています。仕事とプライベートが充実していて、理想的な60代を思いっきりエンジョイしてます！

結婚相談所を作る決心を！

鈴木和江さん

Before

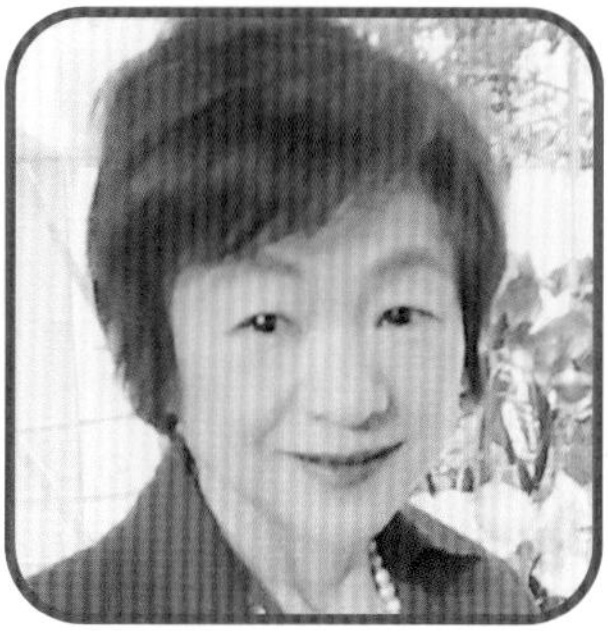

After

金運眉をしっかり描きはじめてから、自分の意思がクリアになり、周囲にトラブルなく意見が伝わるようになったと感じています。

金運眉にしてすごいと感じたのは、一番良いタイミングで物事を決められるようになったことです。

サロンを作るために家のリフォームをしましたが、完成したときに大工さんから「もう少し遅ければ、この値段では無理だった」と言われました。その後の値上がりを考えると、よくぞこの時期にやったとホッとしてます！　サロンは月一の開催ですが、いつも20人以上集まります。

今年72歳になりますが、今までなかなか決心がつかないでいた結婚相談所を作る決心をしました！　今はその準備に燃えてます！　これからどんどん年をとっていきますが、「年にあった生活なんて、どこかへとんでいけ～」という気分で、今よりさらに若々しい75歳、80歳を迎えている自分が想像できます！　顔を変えたことで、自分の意識が大きく変わりました。お顔磨き、すごいです!!

木村先生のコメント

初めてお会いしたときは、ご主人が突然お亡くなりになり、気持ちがとても落ちていましたが、観相学と開運ラッキーメイクの先生になったら、どんどんきれいになり、美に目覚めました。

70代でイキイキした人生に変わった和江さんを見て、金運眉を描くことで、いくつになっても人は変われると実感しました。

工事が間に合わないほどの受注で、売り上げは爆上がり！

荻津久美さん

Before

After

不動産、建築、設計の会社を経営しておりますが、れい子先生に出会い、開運ラッキーメイクを教えていただき、毎日楽しみながら仕事運や愛情運の眉を描いていたところ、お仕事がどんどん入ってくるようになり、ここ数年の売り上げは爆上がりしております。

現在も工事が間に合わないほどの受注をいただき、嬉しい悲鳴を上げています。

また当社施工の建物は、開運ラッキーハウスとして、施主の方々の運気もどんどん上がり、不動産投資家として成功なさった方々もたくさんいらっしゃいます。眉をしっかり描くことにより、すべての運気が好転していくことを日々実感しています。

木村先生のコメント

久美ちゃんは正真正銘の億女です！　不動産投資や開運ラッキーハウスの建築、設計をしている会社の社長さんです。

あるとき「仕入れが間に合わない」と言うので「何の仕入れ？」と聞いたら、「土地よー。土地が売れすぎて土地の仕入れが間に合わないの！」と言うのにびっくりしました。

また、10棟、20棟の投資マンションが数か月で完売！　と驚きの連続!!　パーティーに行ってもたまたま隣に座った方が投資家で「土地を探していた」と10億円単位の話が舞い込むなど、大きな投資家の方たちをどんどん引き寄せています。

知らない方から声をかけられ、お客様になってくれる！

滝口由美さん

Before

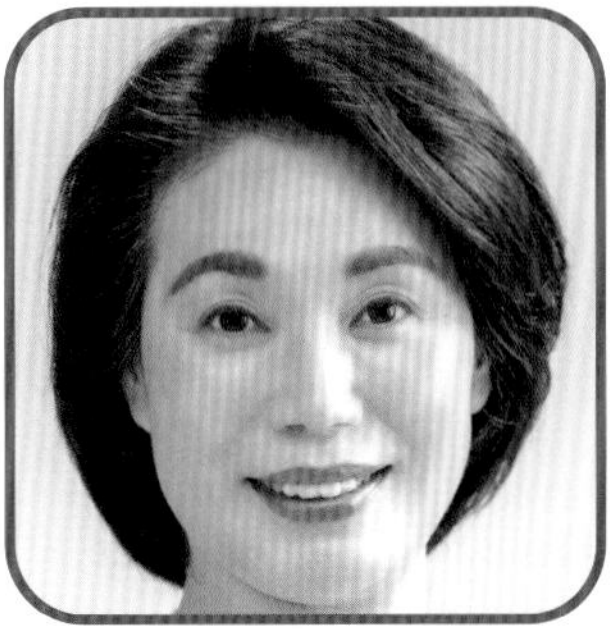

After

①幼少期のトラウマから自分の顔が嫌いでしたが、れい子先生にお顔を褒めていただいてから、お顔のお手入れが楽しみになり、自分を大切にするようになり、ご先祖さまへの感謝ができるようになりました。やる気も出て、前向きな考え方になり、その頃から「立ち姿勢がかわったね」と言われ始めました。②保育士を退職してから専業主婦だった私が販売会社を起こし、自立することができました。③都内で食事やお茶をしていると、知らない方から声をかけてくれてお客様になってくれます。自分では何が起こっているのかがわからず、驚きの連続です。④講座の講師やセラピスト、お顔の運をお伝えをする鑑定士もしていますが、仕事で企業の社長様と関わることもあり、私が想像していた以上に「新しい自分」に出会えて、人生が180度変わりました。

木村先生のコメント

由美ちゃんの大変化には驚くばかりです。初めて会ったときの印象は、どこか暗くて言葉もネガティブで、自信がないのがとても気になりました。その由美ちゃんが、今では美容の販売会社を立ち上げて、しかも倍々で売り上げが鰻登りで、どこにいても向こうから声をかけられて、またお客様が増えるという！　正のスパイラルが巻き起こっています。

これからどんなすごいことになるのでしょう。見ていて気持ちが良いです！　人格までも変えてしまう、眉の威力は絶大です！

これからは
「最高のことしか起こらない」と思う！

坂東工さん（俳優、アーティスト、株式会社MORIYA代表）

Before

After

実はれい子さんのサロンにお伺いする度に、金運眉の体験をしている方々を見ていましたが、恥ずかしがり屋の僕は言い出せずにいました。眉を描くのは撮影時だけでいいと、誤魔化していました。また、隠れファン（笑）として、ピンクを取り入れた生活をしていて、中でも下着をピンクに変えたことで肌艶も良くなって、さらに良きご縁が舞い込むようになり、運気爆上げになりました♪　数年前に、経営者としても、また人間関係でも考えさせられることがありましたが、金運眉を描いたことで何よりも表情が変わり、心がパッと明るくなりました。

心が変われば気分が変わる。気分が変われば人にも伝わる。人に伝われば笑顔が増える。これが「金運眉の正体？」と思えるほど、たくさんの素敵な出会いや新しい仕事が増えていっています。

よし、今日も金運眉を描いて出かけよう！

木村先生のコメント

某有名リアリティ番組の総合司会で有名な坂東さんのもうひとつの顔は、その人のもつオーラを描く「オーラアート」で有名なアーティストです！　そんな坂東さんの秘密は、なんと365日！　下着をピンクにして、最近は金運眉を描いていることです。芸能人としても大活躍で、金運眉を描いたことで、笑顔が世界一になり、坂東さんがテレビに出ると、場がパァーッと明るくなります。ハリウッド俳優から、アートでも世界へ羽ばたく坂東さんからは、壮大な愛のエネルギーを感じます。

予期せぬお仕事をもらい、臨時収入も！

秋山孝子さん

Before

After

以前は家も友達もなしの自分を「宇宙のゴミ」と思っていましたが、メイクを変えてからは明るくなって、周りの人から「縁起物みたい」と言われるほど、キャラクターが一変しました♪

金運眉のメイクの習慣は、心を穏やかに落ち着かせてくれます。

離婚時は相手方代理人の協力により、まったく争わずに卒業でき、親族から臨時収入が続いたことも、以前の顔では考えられません。

また、派遣先の契約が終了した後は、尊敬する方々から予期せぬお仕事をちょうだいし、いつかやってみたいと思っていたことが１週間後に叶いました。

現在は、皆様に金運眉をお伝えする仕事で、新たなご縁の中での日常が嬉しくてたまりません！

木村先生のコメント

孝ちゃんを見ていると、顔相ってこんなに変わるんだと驚きます。

初めて会ったときはいろいろ悩みを抱えていたようで、どこかどんより暗いものがありましたが、いまは七福神さまのようなお顔です！

孝ちゃんがいることで周りに福をまきます。やはり大きく変わったのは眉です。今は見るからに眉が笑っています！

だから、仕事もどんどん入ってくるのです。元々もっていた孝ちゃんの天才性と仕事力がフル発揮している様子！　孝ちゃんだけがもつ能力が、世間にキャッチされるようになったんです。

金運眉で人生が激変！
超高額な臨時収入も!!

近藤万宰子さん

Before

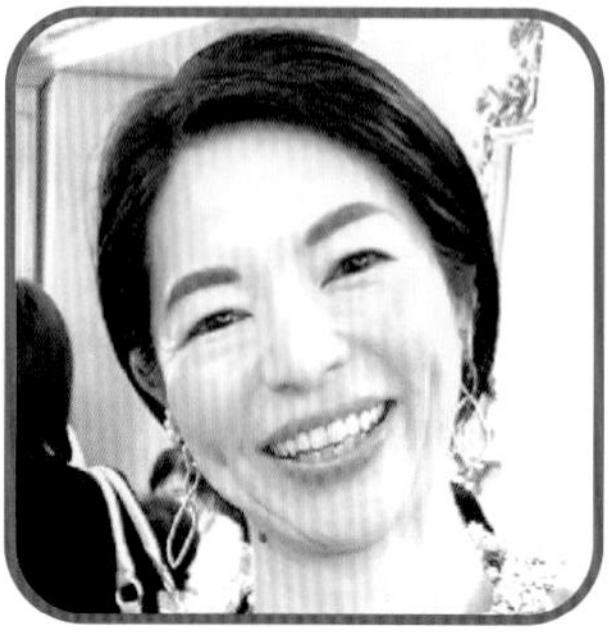

After

金運眉を知る前の私は、自分の不機嫌な顔が嫌で、あえて鏡を見ることを避けていました。日々の生活は仕事と子育てで忙しく、いつも時間に追われて、３人の子供たちに対しては、イライラして怒ってばかり。心は重たく笑えない毎日でした。

しっかり眉を描くようになってから、良いご縁にも恵まれて、ともに喜びをわかち合える友人がたくさんできました。

また、新しい学びにもチャレンジする活力が出てきて、次々に着実に最速でステップアップできています！　また、夫婦関係はさらに円満になり、愛され妻の幸せを心から実感しています。

さらに、受験生だった娘が、合格圏以上だった志望校に合格することもできました♪

毎日ご先祖さま方への感謝をしながら金運眉を描いていたところ、突然、超高額な臨時収入があったことには、とても驚きました。

鏡を見ては、つい顔がほころんでしまうようになり、別人のような明るい自分への変化は、金運眉のお陰様だと思っています。

木村先生のコメント

まさこちゃんの人生激変ぶりは、嬉しくてたまりません!!　しっかりと金運眉を描くことで、強いご先祖さまに応援していただき、人生がすべて好転しましたね。数々の資格を取得して講師になり、開運福顔サロンを作りました。けた違いの臨時収入もびっくりです！

金運爆上げ億女メイクで、自分の顔が大好きになりました！

浦川一美さん

Before

After

私はお顔のコンプレックスをもっていましたが、れい子先生を知り、思い切って観相学とメイクを学んだところ、自分が大好きになりました。

①自分のお顔の良いところがわかって、自信がもてた。
顔の変化は早い！

②運気がわかったので、それを大切に意識できるようになったら、感謝することがあふれてきた。

③メイクで本当に美肌になって、自分を鏡で見るたびに「あれ？　私綺麗になってる♡」と思うので，ご機嫌でいられる。

④月5000円でオンラインサロンをやっていたのに、３か月30万円の講座をもてるようになった。

⑤インスピレーションが働くようになり、ご縁が広がるようになった。例：道と時間を間違えてしまい、時間調整のために入ったカフェで講座を頼まれるなど。れい子先生と出逢ってからの奇跡です。

木村先生のコメント

ひとみちゃんの悩みは私と同じ、顔のコンプレックスでした。そのひとみちゃんが、開運メイクと観相学を学ぶことで綺麗になっていき、外面、内面に自信をもったら、怖いものは何もありません！

月5000円のオンラインサロンが30万円になるのは当たり前でした。それだけの価値のある自分の才能が眠っていただけで、金運眉を描いたことでもう大開運まっしぐらです！

人前に出ることはなかったのに、講演で話すように！

ワタルちゃん

Before

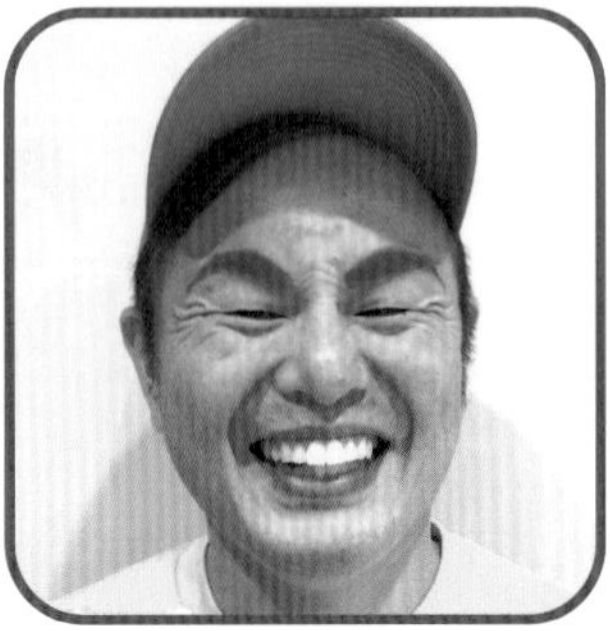

After

２年前にれい子さんにお会いして、金運眉を教えていただき、眉を意識して描くようになりました。

不思議なことに金運眉を描くだけで、毎日をご機嫌で過ごせるようになり、人生が劇的に変わっていきました。

いままでは人の前に出ることはなかったのですが、講演をするようになったり、『TEDxNamba』に登壇できたり、サムライ講演会という講演大会で優勝することができました。

ステキな人たちともたくさん出会うことができました。

これからも金運眉を描いていき、人生を変えていきます。

たくさんの人たちが金運眉を描いていくことで、ご機嫌な毎日を過ごしていき、人生が変わっていく人たちが増えますように。

木村先生のコメント

ワタルちゃんはいつも笑っています。お母さんがうつ病でずっと寝ていたけど、吉本に通い出し、元気になったので、笑いが人を元気にすることを心底知っています。なんと今はお母さんとコンビを組んで親子芸人で大ブレイク中!!　でも、以前のワタルちゃんは剣眉！　これは戦いの眉なので、どうしても人とも自分とも戦ってしまいます。

そのワタルちゃんが金運眉を描き出して、日本一のお笑い講演家としてオカン（お母さん）と一緒にコンビを組み、講演大会でも優勝し続けているのは、やっぱり金運眉です！　濃く太く長くなっています!!

自己肯定感が爆上がり！
彼からプロポーズされた!!

温子さん

Before

After

【金運爆上げ億女メイク前】

おでこを出すことに抵抗があり、前髪をカーテンのように下ろして運気をシャットダウンしていました。前髪があるから眉毛は適当でいいやと思っており、眉の形も薄く短く真っ直ぐでした。

いつも仕事でイライラして、自己肯定感も低かったです。

【金運爆上げ億女メイク後】

運気の通り道のおでこを全開にして、眉毛はしっかり濃く太くアーチでピンクをオン！　するようになった１週間後に、４年付き合った彼からプロポーズ！　彼からは「お顔が優しくなった」と言われました。

さらに人間関係も激変！　憧れだった方たちと仲良くなり、自己肯定感も爆上がりしました。

木村先生のコメント

温子ちゃんはずっと一文字眉でした！　一文字眉は「一」という字のかたちで、意志を貫く仕事ができる眉ですが、男眉です。男眉では、彼とデートをしても男同士の付き合いです。眉はセンサーで相手にもビビッと反応します。

彼がなかなかプロポーズをしてくれなくて悩んでいた時に、私と出会い、アーチ眉にしてデートをしたところ、彼は「彼女との幸せな未来のイメージが見えた」とのことで見事プロポーズ！　幸せな結婚ができた温子ちゃん。私も嬉しくてたまりません。

人生やビジネスで支援者が増えて「応援される存在」に！

渡邊淳一郎さん

Before

After

元々格闘技者であったわたしは眉毛は釣り上がり、口はへの字口、「×」のような表情でライバルが多い状態でした。

開運眉、金運眉を描くことで眉毛は丸く、口角も上がるようになり、自然と「○」のような表情になりました。

そしてなんと、人生やビジネスで協力者、支援者が本当に増えて「応援される存在」となり、今では仕事は自動化し、人生でもっともやりたい、人としての「在り方」を伝える活動に専念できるようになりました!!

木村先生のコメント

淳ちゃんはパーソナルトレーニングジム、フィットネスなどを経営する社長さんです。いつも満面の笑みで、ポジティブ拍手協会の会長で、拍手で世界を元気にする運動もしています。

金運眉を描いてからは、仕事の応援者がどんどん集まり、志の高い素晴らしい人たちとの出会いがたくさんあって、人という財産の大きな金庫を持っている人です。

以前のちょっと怖いときの眉は、協調性のない眉で、眉間にも３本の苦労性で神経質な紋がありましたが、現在の淳ちゃんの顔相は、世界を笑いと拍手で変えられるエネルギーとパワーがみなぎっています。

淳ちゃん、ますます世界を元気にしてくださいね。

Part 1 さあ、金運を爆上げしましょう！

contents

Part 2

金運を爆上げする眉——愛、仕事、才能、お金、人気、健康がすべて叶う！

Part 3
「3大老けライン」にアプローチする開運造形美容

Part 4 あなたに奇跡が起きる！ 金運爆上げ億女メイク

Part 5

自分を大切な宝石と思って磨き上げてください

装丁　三瓶可南子
編集　豊島裕三子
編集協力　長谷川恵子
イラスト　来住記世

Part 1

さあ、金運を爆上げしましょう！

眉を描くと、目力がついて、顔に動きが出ます！

あらためまして、木村れい子です。

「開運ラッキーメイク」で人生を変えたみなさんの体験談、いかがでしたか？まるでウソのようなお話もありましたが、すべて実話です。

何よりも、みなさんの顔を見るだけで、変化が一目でわかってしまいますよね。

私は日本開運学協会の理事長として、１６００年の歴史をもつ観相学《かんそうがく》を学び研究し、いろいろな講座を開いています。その愛弟子《まなでし》たちも、みなさんご自分の眉の描き方やメイクの仕方を変えて、運命が変わりました。

顔の中でコンプレックスを抱いていた部分が、実は開運できる「福相」だったとわかると、何十年の思い込み、トラウマ、人に何回も言われて「私はこうだ」と思ってきたことが、なんと5分や10分でひっくり返るのです。一瞬で変わった例を、私はいっぱい見ています。

ある女性は、顔にコンプレックスがあってまったく自信のない方でした。母親は美人で、彼女に見向きもしてくれない。そして、なぜかイケメンの男性と結婚したので、今度はご主人ばっかり「イケメンね」とほめられて、誰も自分をほめてくれない。自分は孤独でひとりぼっちだと思って過ごしてきたのです。

でも、開運ラッキーメイクと出合い、顔にピカッ！　と輝きを入れて眉を描いたら、彼女は見違えるほどきれいになりました。しかも、自分のいいところが見つかったら、びっくりするほど積極的になって、別人のようになりました。

しかも、以前は数千円の会費で運営していたオンラインサロンが、今は数十万円の価格をとれるサロンに変わりました。そういう道がひらけたのです。

またある方は、顔面麻痺《まひ》がありました。顔半分がゆがんで動きません。私と会ったときには、「人と会いたくない。家にこもりたい。みんなが私の顔を見ている」とすごく悩んでいて、表情も暗くて、あまり抑揚《よくよう》のない顔でした。

その方が、自分の顔のよいところがいっぱいわかって、開運ラッキーメイクをしてお肌を整え、眉を描いて鏡を見たら「わあ、可愛い！」と自分でもびっくりされました。

そこからコロッと変わりました。いまは、顔面麻痺はどこへ行ってしまったのかまったくわかりません。彼女を見て「顔面麻痺ですか？」と言う方はひとりもいないし、ご本人も忘れています。

そうしたらいいことがいっぱい起きて、今度はご主人がどんどん出世して大成功するようになったのです。その方の顔が変わり、開運したことで、その運がご主人にうつったのです。

とくに女性は家の中の女神です。女性の顔はとっても大切！　ご自分の顔が、いかに家族の運を変えるかを知ってください。

開運ラッキーメイクをほどこした後の写真を見ると、どの方も、**顔が「静」から「動」に変化していることがわかります。動きのある顔こそが「開運福顔」**です。

とくに眉を描くと、目力がついて、顔が躍動し始めるのです。

福を呼び込み、福の神に愛される開運福顔

顔は変わります。顔を変えると、あなたもあっという間に開運できます!

耳からどんなによい言葉を入れても、人間は日々忘れていくもの。
でも、私たちは、自分の顔が「開運福顔」になったことは忘れないのです。
なぜなら、顔は毎日見るからです。トイレ、洗顔、オンラインミーティング等々、1日5回も10回も。オンラインなら、多い場合は何時間も自分の顔を見ていることもありますよね。

自分の顔が大好きになって、自分の運を知り、たとえいまはお金がないとしても、いつも顔を見ながら「この肉厚の鼻は、大金持ちの鼻だ!」とか、ポジティブな意識をインプットしていけばいいのです。耳から入る情報と違って、顔は1日何度も見るから忘れません。

脳は5、6回の反復がないと、魂まで情報が入りこまないといわれています。

耳で聴くとか声に出すとか、「見る」以外のことは反復が難しいです。絶えず反復することはできません。脳の中を見ることもできません。

どんなにすばらしいことを耳から入れるより、**いちばんすごいのは視覚です。**

目で見ることです。

しかも、自分の顔はいつも自分についてきます。

顔を洗う、手を洗う、トイレに行く、お風呂に入るなどの日常行動の中で、私たちはそのたびに鏡で顔を見ます。

鏡には神様がいます。カ、ミの間に「我《が》」がいるのがカガミです。

鏡を見ることは神様との対話です。自分の顔が大好きになると、鏡の中の神様が「大丈夫だよ」「いつもモテモテだね」と、いつも私たちにすごい言葉をかけてくれるのです。

開運ラッキーメイクのすごさを理解して、実践した方たちからの体験談が、日々、山のように寄せられるのはうれしいかぎりです。

大開運の道は、すべて脳が握っています！

いま、「金運を上げたい！」と願う人が本当に多いです。
金運を上げるには、しかも爆上げするにはどうしたらいいのでしょう？

それには、「顔」を変えるしかありません。
なぜなら、私たちの全身の中で脳に一番近いのが顔だからです。

想像してみてください。もし、鏡の中のあなたの顔が、生き生きして、若々しくて、楽しそうで、人をひきつける魅力いっぱいの顔に変わっていったら？
絶対にハッピーな気分になりますよね！

気分が変わるということは、あなたの脳が変わるということ。
運はすべて脳が握っていますから、あなたの運命もがらりと変わっていくのです。

たとえば、新しい服、バッグを買うことでも気分は変わります。

でも、脳に一番近いのは顔です。**脳の反応が一番早いのは「顔を変えること」なのです。**

とくに女性の場合、その本能は全部自分自身に向いています。もっときれいになりたい、もっと可愛くなりたい、もっと若々しくいたい、もっとおしゃれでいたい。

いかがでしょう？　これは、たとえ80歳、90歳になってもそうではないでしょうか。

ところが悲しいことに、年を重ねると自分の顔にガッカリしてしまう女性が多いですね。特に45歳ぐらいがひとつの分岐点です。そこからの人生はまだ倍もあるのに、鏡を見てガッカリ、人に老けたと言われてガッカリ。そんなことが増えてしまいます。

ガッカリするというのは、イコール、脳がガッカリするということ。

私はもうこの歳だから、シミがあるから、シワがあるから、老けたから……。

顔にまつわるちょっとしたことで、考え方がどんどんネガティブになります。

そうなると、「そんな運」しかやって来ないのです。

では、そもそも運とは何でしょうか？

私たちは目に見えないものがあふれた世界に生きていますよね。空気も電波も重力も、確かにありますが目に見えません。

運もそうです。みんな運がよくなりたいのに、運の正体を知らないのです。

私はその運の正体を、長年の研究で解明してきました。

結論から言いますと、運はすべて脳の中にあります。

脳の考え方で運が決まります。

「ついていない」とか「金運が悪い」とか、運は自分の外側にあるものだと感じている人もいるかもしれません。でも、そんなことはありません。ついていないことが起きるのは、脳の中にある考え方がついていないから。実はとても単純なことなのですよ。

誰でもできる大開運の道は、すべて脳の中にある。

このことがわかったら、誰でも、いまがどんな状況でも開運することができるのです。

「そんなシケた顔をしていると運を逃しますぞ」

私の観相学の師は、故・藤木相元《そうげん》先生です。藤木相元先生が90代のときの最後の弟子のひとりとして、さまざまなことを学び、看板分けもしていただきました。

藤木先生がおっしゃったことで、まさに！と思ったのが、「そんなシケた顔をしていると運を逃しますぞ」という言葉です。「シケた顔」という言葉は、いまは死語かもしれませんが、ジメッとした暗い感じの顔のことです。

「どうせ私なんか」とか「なんでお金がない

んだろう」とか、自分が言ったネガティブな言葉で自分の顔がシケた顔になると、運を逃すのです。


何度でも言います。顔と脳はつながっています。**運は自分の脳の中にあります!**

顔を整えて運のよい福顔にすれば、脳がルンルン♪となったら、どんな方でも大開運します。

だから、顔しかないのです。

眉を整えると、目力がつきます!

顔のパーツの中でも、眉にはびっくりするほど顔を変える力があります。

これまで1万人以上の方のお顔に「開運ラッキーメイク」や、金運に特化した「金運爆上げ億女《おくじょ》メイク」をさせていただいて、いつも私自身がびっくりしています。

私が眉を描いてさしあげると、その瞬間に目力がつくのです。

体験談に登場していただいたみなさんの写真でもわかるとおり、眉を変える前と何が一番違うのかというと、みなさん、輝いてクリン! とした目をしています。

そうやって顔に勢いがつくと、成功顔になるのです。顔は、まず眉から始まるわけです。

とくに男性は、メイクしない分、眉を変えるとはっきりした結果が出ます。

男性は、ふだんはどちらかというと無表情な感じの人が多いですよね。でも、そういう方も、眉を描いてぱっと鏡を見ると、いきなりニコッと笑います。

鏡の中の自分の印象が変わったからです。それはもう脳が変わった証拠です。

さあ、運気を爆上げしましょう!

私が「顔が大事、なかでも眉が一番大事!」と言い続けているのには、自分の体験だけでなく学問的な裏づけがあります。それが「観相学」です。

観相学とは、人の顔や表情から、性格・気質・才能などを判定する学問のこと。観相学では、顔を「12宮《ぐう》」という運勢を示す12のエリアに分けています(58ページ参照)。

それらの状態を見ることで、その人のあらゆる運気がわかってしまうのです。

人にはいろいろな夢や目標がありますよね。それらは、次の5つの運にまとめることができます。愛情運、金運、仕事運、人気（地位、出世）運、健康運です。

あなたもきっと、ご自分のほしい運を探すと5運の中のどれかしらに当てはまるでしょう。つまり、ここに私たちの幸せが集約されているわけです。

しかも、ここが重要なポイントですが、観相学では、なんとそのすべての運が顔の12か所にあるのです！

幼い頃から肌の弱さや顔立ちに悩み、誰よりも顔に執着してきた私は、それを知ったとき、ものすごくワクワクしたのを覚えています。

人間の体で運勢にかかわる部分は、顔以外には見つかりません。胸が金運をつかさどるとか、お腹が人気運を左右するとか、そんなデータはありません。

体の中の運勢のエリアを細かく分析すると、すべての運は顔にありました。

だから、**運気を爆上げするには「顔」しかないのです。**

金運を爆上げするなら、やっぱり眉！

すべての運は顔にあります。ですから、金運も顔にあります。

しかも、顔の中でも**「眉」が金運の7割を支配しているのです。**

私がデザインした**「金運眉」**は、私自身を含め、描いた人たちの人生がどんどん変わり、効果は実証済み。これを描くだけで、あなたの金運爆上げも約束されます。

眉間はうぶ毛などをそり、広くして、色ツヤのよい状態に保ちます。ボサボサだったら適度にカットして、薄い眉は濃く、短い眉は描き足して、開運する形に整えます。

Ｐａｒｔ２でもっとくわしく解説しますが、どれも簡単にできることばかりです。

そうやって「福を呼ぶ眉」をつくると、先ほども書きましたが、目力がつきます。

鏡に映る自分の顔に脳がピン！　と反応して、顔に勢いがつくのです。

しかも、いまは世界とオンラインでつながった時代。とくに、成功している「億女《おくじょ》」や「億《おく》男《お》」にとっては、オンラインビジネスで、PCの画面で自分の顔を見ながら話すのが当たり前という、不思議な時代になっています。

こういう時代に突入したいま、自分の顔が大好きだとしたら、どんなに交渉がうまくいくかわかりません。「自分が大好き」と思いながら人と話すわけですから、自信に満ちあふれて、すべてうまくいきます。当然、仕事運や金運もアップします!

私は、この開運美容や開運ラッキーメイクの研究を長年コツコツとしてきました。開運ラッキーメイクのラッキーとは「ツキを呼び込む」という意味です。

観相学・人相学以外にも、開運にかかわるあらゆる分野を貪欲《どんよく》に学び、研究してきました。その結果、「いちばん脳に近くて運を握っているのは顔。そして顔の中でも、**眉が金運のカギを握っている**」とわかったのです。

こんなに簡単で最速で、世の中すべての人がお金をかけずに大開運するカギは、自分自身の中にありました。

描けばいいのです。難しい勉強をするよりも、**金運爆上げ眉を描いて、自分の顔を「ツキを**

呼び込む顔」つまり、ラッキーな顔にする。それこそが大開運への近道なのです。

自分だけが頑張るのが金運ではありません

金運は自分で勝ち取るもの。そんなふうに思っていませんか？　でも、自分だけが頑張るのが金運ではありません。人からもよくしていただいて豊かになる、これも金運です。

たとえば、自分が持っていたマンションが考えられないほど高値で売れた。遺産的なものがびっくりするほどいただけた。

金運眉を描くと、そういういろいろな恩恵も来ます。これも面白い体験談が数多くあります。宝くじが当たって臨時収入があったとか、すごい昇進がかなったとか、補助金が1億円下りたとか、例を挙げたらきりがないくらいです。

また、仕事では、決まらなかった案件がどんどん決まりだすようなことも起きます。

不動産の投資物件を扱う女性社長さんは、売れすぎて土地の仕入れが間に合わないとのこと。なぜかといえば、金運眉を描いて福のある顔をしていると、パーティーに行っても、どこかでお茶を飲んでも、隣に座った方がすごい投資家だったりするわけです。
「話をしてみたら、投資家の方で、10億円ぐらいの物件をちょうど探しているとか、どこに行ってもそういう話ばかりになってしまう。すごすぎる!」とおっしゃっています。

とくにいまは、決まらない案件を抱えている社長や経営者さんがいっぱいいますが、そういう方は、男性でも眉を描くと同時に、顔にクリームをつけると、商談もよい方向へ変わっていきます。

いまの時代はみなさん、ツヤが足りないのです。だからピカらせる!
「光る」にマルをつけて「ピカる」と私は表現するのですが、男性も女性も自分をピカらせないと、本当の開運は難しいのです。

男性も女性も、億女や億男は顔がピカっています。
顔をピカらせない億女や億男は、一時的にそうなってもなかなか継続しません。

コンスタントに運気を上げていくには、眉を描く、ピカらせる、おでこを出す。これです。そしてニコニコ顔でいることです。そうすると、ひとりで頑張らなくても、さまざまな後押しが得られて、驚くほどすべてがスムーズにいくのです！

運はうつるんです

私が講座をするときは、いつも「れい子ちゃん可愛いね、素敵だよ」と、自分自身に呼びかけながら、ニコニコ顔でみなさんに接します。

そのとき、会場の参加者へ私の顔はうつるんです。みなさん、いっせいにニコニコ顔になります。これはすごいことです。

なぜ顔がうつるのでしょうか？

それは、顔が、その人が発する「周波数」を握っているからです。

ちょっと難しい話になりますが、物理の世界で「物質は何からできているか」を突き詰めていくと、最小単位である「素粒子」にたどりつきます。それらは振動していて、ラジオのようにさまざまな周波数を発しています。

要するに、人間も、一人ひとりが周波数を発しながら生きている存在なのです。

顔の周波数が上がれば、脳の周波数も上がり、大開運が押し寄せます!

億女、億男になるには、顔を億顔にして周波数を上げることです。

元気な周波数の高い顔。地下1階ではなく、地上51階みたいな顔。福運のある福々しい顔。それが億顔です。億（ミリオン）の顔と言います。

億顔はまわりの人によい周波数をうつすので、家族や友人、仕事仲間の周波数も上がってしまうわけです。

福のある顔は誰でもつくれます。そして、人は福々しい顔になると思わず笑います。

ニコニコ顔になると、今度はその顔を見た人に運がうつるのです。

よく言いますよね。強運の人に運を分けてもらうとか、お金持ちの人と一緒にいると金運がよくなるとか。本当にそうなのです。運はうつるのです。

これを実践していけば世界中が平和になって、みんなが明るく、それぞれの夢を、自信をもって叶えていけると思っています。

自分を決めつけて、ダメだと思わないでください

顔に関して老若男女すべてに共通しているのは、45歳以上からが問題だということです。

みなさん、鏡を見て「あ～あ」と思ったり、人からも「年取ったね」とか「昔はよかったのに」とか、平気で心ない言葉を言われることが増えていきます。

とくに家族やパートナー、上司とか、一緒の環境にいる人に何度も否定的なことを言われたりすると、そのたびにインプットされてしまいます。

その結果、45歳を過ぎた頃には、大半の人がよくない意味で「私はこういう人間だ」と思い込んでいるのです。そこを一度、疑っていただきたい。

お顔鑑定に来られる方がよくおっしゃいます。

「私は誰からも愛されない」「ずっとお金に縁がない」「仕事ができない」「家族運が悪い」「男運がない」

聞いていると、そういうワードを何回も言い始めるのです。

ニコニコ顔で、福のある顔に！

でもね。自分で言っているからそうなっているのです。顔もそういう顔になってくるのです。何回も言うように、顔と脳はつながっているから。

でも実際は、観相学でお顔を鑑定すると、ちゃんとよい運をもっている方が大半です。だから、「もっと違ったすばらしい才能や運を目覚めさせてみませんか？」と言いたいのです。ご自分が長年、「私はこういう人間だ」と決めつけていたことは本当ですか？　と。

自分を決めつけて、ダメだと思わないでください。

お顔鑑定でたくさんの方とお会いしていると、自分が思っているのとは違うところに本当の才能がある、そういうケースが本当にたくさんあります。

顔のことがわかると本当に面白いです。思い込みから解放されると、「いままでの私の何十年間は何だったんだろう?」と思いますよ。

私もそうでした!

実は、私自身が長い間、顔で悩んでいました。「私の顔はどうしてこうなんだろう。どうしたらきれいになれるんだろう」と思い続けて、すごく自信を失っていました。

小さい頃からアトピーで皮膚が弱くて、シミの中に顔がある状態だったり、顔のつくりが美人とは程遠かったり。そうするとやはり、そのことで人に何か言われるとか、いろいろな環境でめげていくわけです。

でも、そのとき私が面白いなと思ったことがあります。元々私の性格は陽気なもので、落ち込むのですが、心底のところは陽気なのです。「何か意味のあることしか起きない」と思っているのです。

私は故・船井幸雄《ふないゆきお》先生にとても可愛がられて、教えていただいたことがあります。

「すべては必然でベスト」

この言葉で、何回も人生を乗り越えてきました。あるときから、何かあっても「これは必要なことだから起きたんだ」と考えられるようになりました。

たとえば、顔がガビガビだったり美人じゃなかったり、肌が弱くてメイクができないのも、必要だから起きたこと。では、私にとって「なぜこれが必要なんだろう?」と考えました。

そして人間の本能について学び、女性と男性は本能が違うということも知りました。

その結果、「だから私はこうなのか」と思い当たったのです。

女性は本能が自分に向いています。もっときれいになりたい、若くなりたい、可愛くなりたい、洋服を買いたい……。みんな自分自身にベクトルが向いています。私はその本能の部分がくじけていたから、なかなか運がつかめないのだとわかりました。

つまり、どんなに本能が大事かということに気づいたのです。

その本能の部分をなんとか回復したい。そう思って観相学や人相学を学び、「これしかない」と思いました。

好きになれなかったこの鼻。おペチャだけど、丸いし肉が厚いからお金持ちになれるんだ！

丸くて少し出ている目は、小さい頃「出目金」といじめられました。

でもこの目は、未来の情報や、これからの流行や、素晴らしい人やステキなもの、光るものをキャッチできる目なんだ！

そんなふうに、いままでコンプレックスだったものがひっくり返り、「そうか、これがよかったんだ」と思えたのです。


その瞬間、この学問にのめり込んで学ぼうと思いました。

本当はもう、くじけていたときからわかっていたのです。もし自信がもてたら、私は幸せになれると。ではどうしたら自信をもてるだろうかと、その方法をずっと探していたのです。


運はすべて顔が握っている。このことを、何十年も、自分の中で臨床実験していたような気がします。脳と顔と運の関係もそうです。私が自分を好きになったら、肌がきれいになったら、それが運を引っ張ってくるということを、身をもって体験してきたのです。

これは何十年にもわたる私の実体験であり、本当に自分が感じたことです。だから確信をもって「顔しかない」とみなさんに言い続けられるのです。

億女への道のり

◆肌と体の弱さに悩んだ幼少期～少女時代

私は、体重2600gぐらいで生まれました。そのせいか肌も弱くてアトピーの症状が出てしまい、しかも小さいときからすい炎も患《わずら》っていました。

食事制限があるので、小学校のときは給食が食べられず、ひとりだけ母の手作りのお弁当です。運動も禁じられていたので体育もずっと見学でした。そんなふうに育ってきたので、大事な時代に自信を失っていたわけです。

そういう幼少期を経て、中学に入るとすい炎は治りましたが、思春期以降も肌や体の弱さに悩みました。女性にとって一番大事な時期も、「どうしたらきれいになるだろう?」と思い続けてきました。

そして、18歳になった頃、「自分に自信がないのは、自分の顔に自信がないからだ」ということに気づいたのです。顔と脳の関係を学びたいという気持ちが芽生えました。

◆人相学との出会い

本屋さんで人相学の本をみつけたのは、20歳のときです。すぐに「これだ！」と思いました。その頃もまだ肌はボロボロで、お化粧するのも大変でした。でも、本を読むと、自分の顔にもちゃんと開運の相があることがわかったのです。

「この鼻の形はお金持ちになれる」とか、「こういう目には人気運がある」とか、「思いもよらない良いこと」が書いてありました。

「私も大丈夫なのかな」と、少し自信がもてるようになっていきました。眉の重要性にはまだそこまで気づきませんでしたが、眉もちゃんと描くようになりました。

しばらく独学を続け、23歳からは、人相学・観相学を徹底的に学び始めました。

◆25歳で起業、開運美容をスタート

25歳で株式会社をつくりました。薬草の化粧品の販売代理店を始め、メイクやスキンケアの勉強も始めました。肌の状態はまだ落ち着きませんでしたが、「自分もきれいになれるかもし

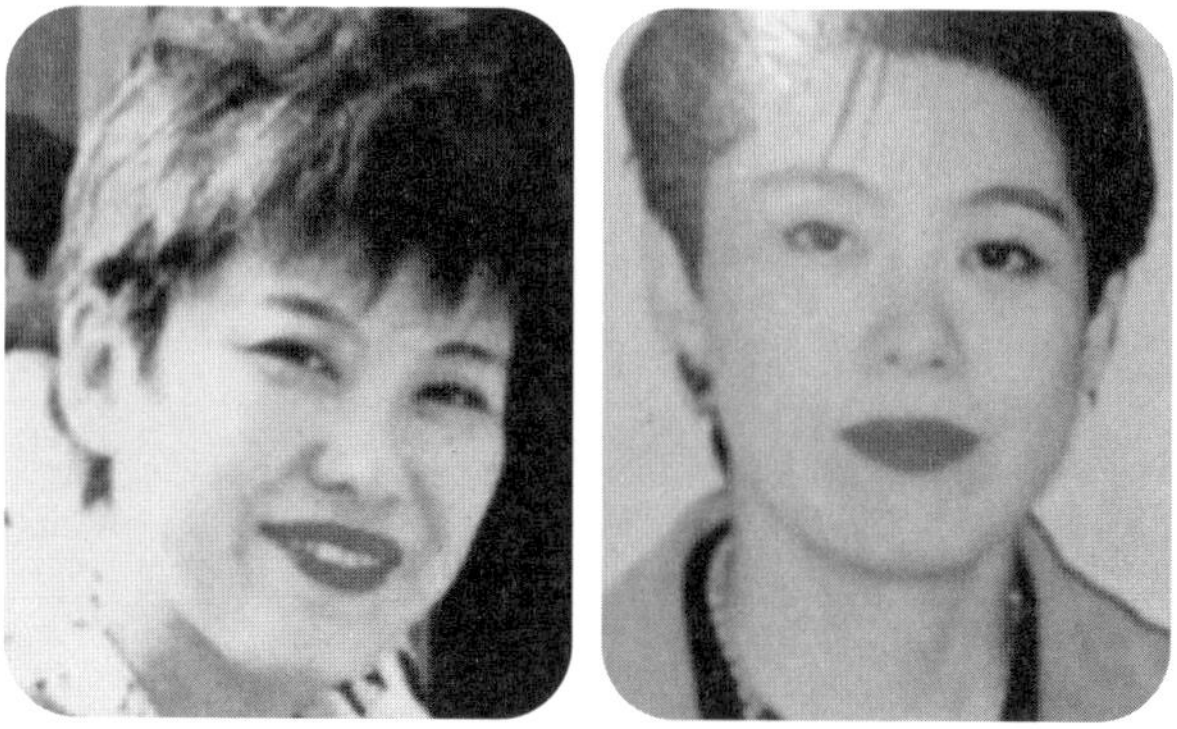

30代の頃の著者（左右）

れない」という思いがふくらみ、美容の世界に入ったのです。

その前、20歳から3年ほどはOLとして働き、服飾の営業の世界で頑張っていました。自分が営業向きだとわかり、水を得た魚のように楽しくて、仕事への自信もつきました。

でも、頑張っても待遇面では報われなかったのです。サポートした営業マンがみんなトップになっても、どんどん栄転していっても、私は平社員のままでお給料も変わりません。

それならば独立して、働きに見合った能力給をもらおうと決めたのです。

会社を設立したのにはもうひとつ、サロン付きの家を建てたいという目標もありました。「自宅と職場を兼用にして、子どもを家で育てたい」というのが大きな夢だったのです。

それからコツコツと、お化粧品をお客様のお宅に届けてメイクやマッサージをする「訪問美容」を続けていきました。すると、私の手はだんだん「黄金の手」になっていきました。

私がマッサージすると、みなさんのお顔が変わるのです。そのとき「顔は粘土細工《ねんど》だ」ということもわかりました。いまでも手はボコボコ、職人の手です。

1日5、6人ぐらいのお客様の家を訪問しましたが、そのうち家族みんなに頼まれるようになりました。たとえばその家のお嫁さんをきれいにしてあげると、80歳のおばあちゃんが「私はいつやってくれるんだい？」と聞いてきます。

それが、現在の私の「開運美容」の活動につながっているのです。

◆36歳で1軒目のサロン付き一軒家を建てる

36歳で、両親と同居するための新しいサロン付き一軒家を建てました。1階を店舗にして、学校から帰ってきた子どもに「おかえりなさい」と言ってあげたいという夢が叶いました。

美容の仕事で家を建てるのは大変でしたが、少しずつ貯金して、家を建てることができたのです。ちなみに、30代の頃には眉の大切さが本当に腑《ふ》に落ちて、しっかりと「開運眉」を描くようになっていました。

◆45歳で2軒目のサロン付き一軒家を建てる

45歳になって、今度は2軒目のサロン付きの家を建てました。

この家を建てた経緯は、とても不思議なものでした。

土地を見つけたのはその数年前。父母がだんだん高齢になることを考えて、「新しい家で同居しよう。それにはもっと広い土地があればいいな」と思っていました。

するとある朝、ふっと「新聞の折り込み広告を見なさい」というメッセージ的なものを感じて、新聞の不動産広告を見てみると、その中のひとつの土地が光って見えました。

思い立ったらすぐ行動です。1時間後には、両親と息子と一緒にその土地を見に行っていました。

150坪の土地が半分ずつに分けられて売りに出されていたのですが、きれいなお庭があったので、「お庭はどうなるのですか」と不動産屋さんに聞くと、「すべて伐採です」とのこと。

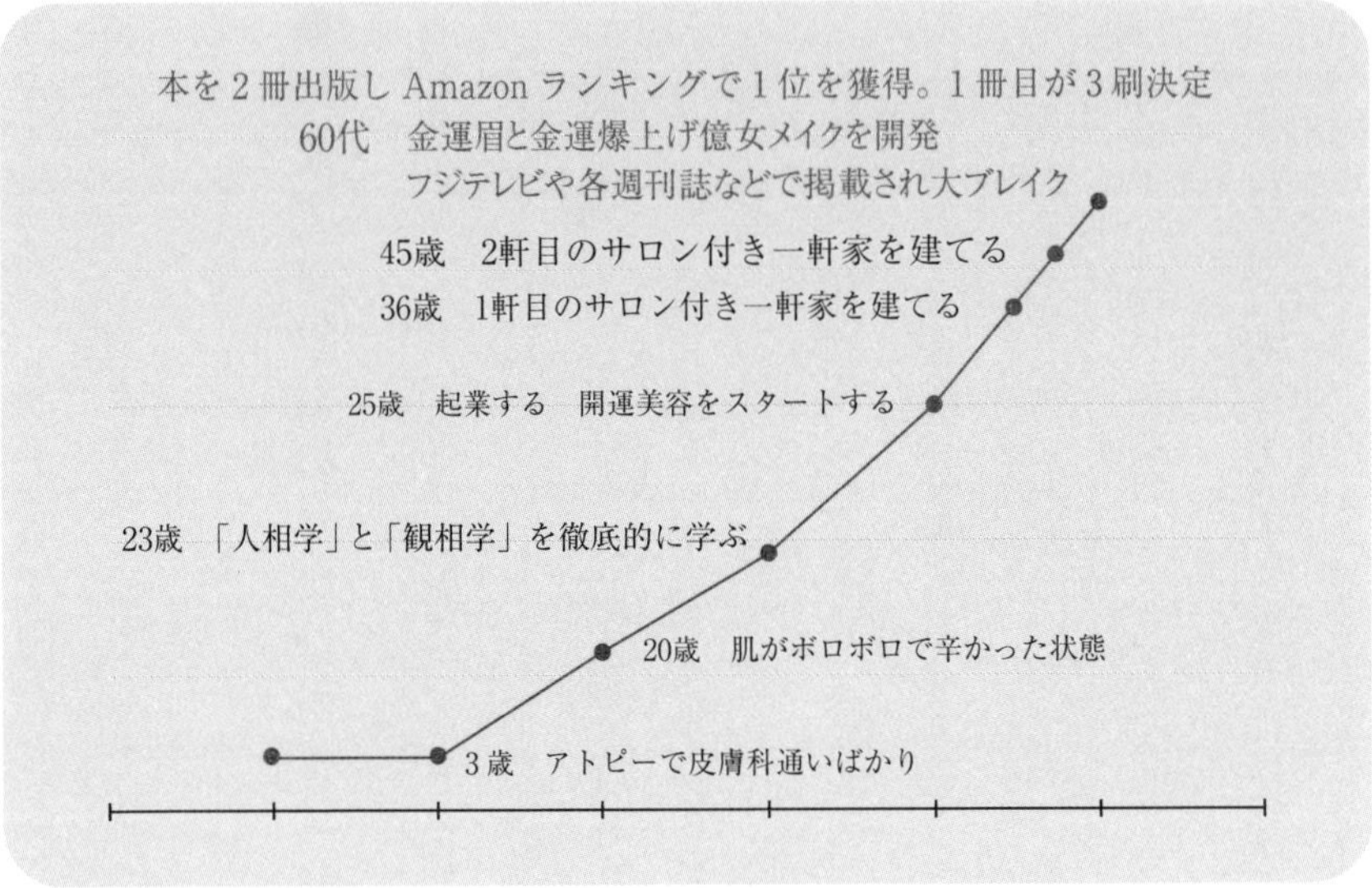
本を２冊出版し Amazon ランキングで１位を獲得。１冊目が３刷決定
60代　金運眉と金運爆上げ億女メイクを開発
フジテレビや各週刊誌などで掲載され大ブレイク
45歳　2軒目のサロン付き一軒家を建てる
36歳　1軒目のサロン付き一軒家を建てる
25歳　起業する　開運美容をスタートする
23歳　「人相学」と「観相学」を徹底的に学ぶ
20歳　肌がボロボロで辛かった状態
３歳　アトピーで皮膚科通いばかり

それを聞いた途端、私は何も考えず「この土地を全部ください」と言っていたのです。

その声を聴きながら、「無理でしょ」と驚いている自分もいるのですが、なんと30分後にはその土地を買う契約をしていました。いま思うと本当に不思議な、ありえない出来事です。

値切りもせず、坪単価も聞かずに買ったのです。

この家には総額3億円かかりましたが、ちゃんと支払うことができました。

正直、細かいことは覚えていないのですが、何の問題もなくローンを返せたのです。

結局、両親は元の家に二人で住むことを望んだので、同居はしていません。でも、サロン付きの新しい家は、いらした方がみんな開運する光に満ちあふれた家になっています。

最近になって土地の由来を調べたら、本物のパワースポットであることがわかりました。

まるで土地に呼ばれたかのような、とても不思議な体験です。

そして、ここからまた私の運気は上昇していったのです。

◆60代で本を出版してブレイク、まわりもみんなブレイク！

「顔しかない」という気持ちで開運美容の活動をコツコツ続けてきた私は、60代になって「金運眉」と「金運爆上げ億女メイク」を開発しました。

すると、今度は本の出版のチャンスに恵まれたのです。

現在の著者

きっかけはオンラインセミナーでした。

新型コロナのためにみんなが閉塞感にとらわれる中、何かできないかと考えた私は、「顔が元気になればマインドも変わるはず」と、これまで4年間毎月無料セミナーを続けています。

すると、そのセミナーに参加された出版社の方に「本を出しませんか?」と声をかけていただいたのです。うれしくて涙が止まりませんでした。

本の出版をきっかけに、テレビや雑誌からもたくさん取材の依頼をいただいています。その中で私のメイクのモデルになった方々や、自分で開運ラッキーメイクを始めた記者さんは、みなさんブレイクしています。

顔の大切さをわかってくださる方が増えて、私は60代にして大ブレイクとなりました。

こんなふうにコツコツやってきて、グラフのように私の運気は上がりっぱなしです。

普通、60代になると仕事は減ってしまいますが、いまの私は20代のとき以上に忙しくしているのです。「スケジュール、どうしようかな?」と考えるほどいろいろなお話をいただけて、ありがたくて、いつも寝る前に感謝している毎日です。

Part 2

金運を爆上げする眉
――愛、仕事、才能、お金、人気、健康がすべて叶う！

顔の運勢エリアである12宮と眉

この章では、まず、眉で金運爆上げができるしくみを解説します。

眉を描くと、なぜ金運が上がったり、ビジネスがうまくいったり、良いことがたくさん起きるのか？　顔の中でもなぜ眉が大事なのか？　その秘密をすべてお話しします。

まず、顔の12宮《ぐう》と眉の関係をおさえておきましょう。

観相学では、顔を12の運勢のエリアに分けて鑑定します。これが12宮です（58〜59ページ参照）。

家と同じように、顔の中に「運のお部屋」が12部屋あると思ってください。

12に分かれたそれぞれのパーツに、あなたの運勢がすべて表れています。

12宮のイラストの中で、眉には④という番号がついていますね。**ここは「兄弟宮」といって、家系、才能、寿命の運を握っているエリア。家系とは、ご先祖様や家柄などを意味します。**

私たちのご先祖様は、20代さかのぼると、合計で200万人ぐらいいらっしゃいます。200万人のご先祖様が私たちを応援しているので、1代目2代目くらいで「うちはお金がない家系」などと決めないでください。どんな人もすごい運をもっているのです。200万人の中には大富豪のおじいちゃんもいるのです！

30代前なら何億人にものぼります。私たちはそんな壮大なスケールのご先祖様の叡智《えいち》、経験、運、すべてを受け継いで、代表としてこの世に出ているのです。ありがたいですね。

別の言い方をすれば、眉は遺伝子情報です。先祖の遺伝子や人生を引き継いでいます。「あなたはおばあちゃん似」などと、言われたことがある人もいるでしょう。顔の中でも、とくに眉には遺伝子の本質が色濃く表れるのです。

お顔鑑定をさせていただくと、その人の生まれ持っている運、寿命、神様やご先祖様からどれくらい応援されているか……そうしたことが眉だけでわかってしまうのです。

そして、眉の濃さ、長さ、太さなどを整えて運の良い眉にすると、数百万人、数億人のご先祖様の中で、とくに強運だったご先祖様がもっと応援してくれるようになります。

眉をしっかり描くこと、自分の顔を大好きになることで、私たちは開運にものすごい拍車を

顔にある12の運勢エリア

❶ 官禄宮《かんろくぐう》　出世、社会、仕事、地位

❷ 命宮《めいぐう》　願望達成、健康、生活力、精神力

❸ 遷移宮《せんいぐう》　旅行、引っ越し、出張

❹ 兄弟宮《きょうだいぐう》　寿命、家系、兄弟、生命、才能

❺ 福徳宮《ふくとくぐう》　金運、財運、商売

❻ 妻妾宮《さいしょうぐう》　夫婦、情事、結婚

❼ 田宅宮《でんたくぐう》　不動産、人気、家族、愛情

❽ 男女宮《だんじょぐう》　子宝、性生活、子宮、男性器

❾ 疾厄宮《しつやくぐう》　健康

❿ 財帛宮《ざいばくぐう》　金運、財運

⓫ 奴僕宮《どぼくぐう》　部下、晩年、家庭、住居

⓬ 相貌宮《そうぼうぐう》　全般的な運勢、健康運、人格、人柄

あなたのほしい運は、すべて顔にある!

「顔の12宮」

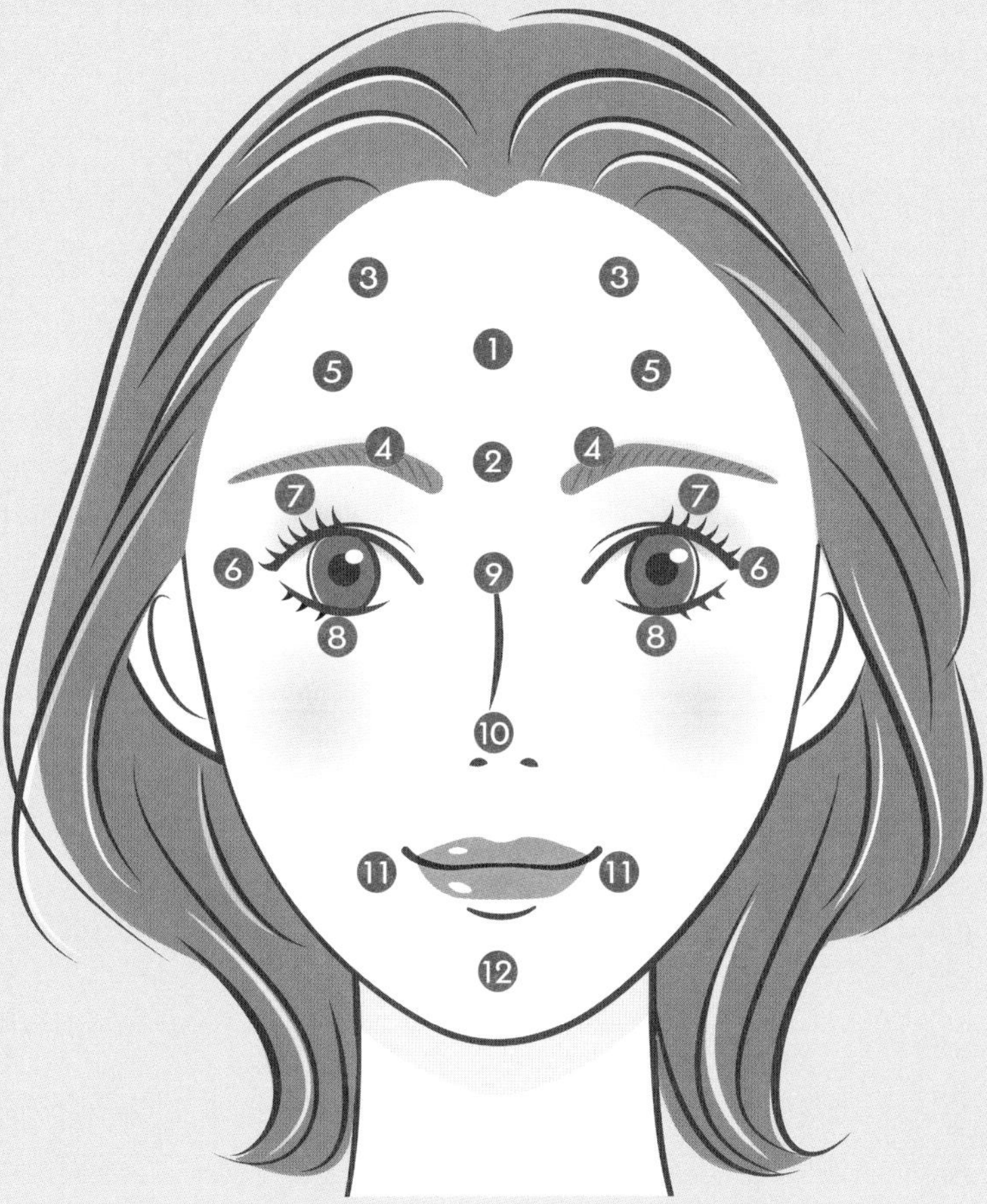

かけられるのです。

また、眉をしっかり描けば強運の大富豪のおじいちゃん、おばあちゃんが応援してくれます。

なぜ眉が大切なのか？

いまの時代、みなさんが一番ほしいのが金運でしょう。

そして、**金運をよくしたいなら、眉がいちばん大事です。**なぜなら、金運爆上げに欠かせない運勢エリアは、顔の中でもほとんど眉とその周辺に集中しているからです。

眉間《みけん》には、願望達成や健康、生活力、精神力を示す「命宮《めいぐう》」があります。眉山には寿命や家系や才能がやどる「兄弟宮」があります。

そして、眉の上部あたりにある「福徳宮《ふくとくぐう》」は、ズバリ金運、財運のエリア。目と上まぶたの「田宅宮《でんたくぐう》」は、不動産運、人気運、家族運を表します。

そして、もしあなたの元々の眉が運勢的にイマイチでも、まったく心配はいりません。

描けばいいからです！　**金運眉を描けば、その瞬間から運気が上がります。**

これを書くと、「は？」と驚かれるかもしれませんが、眉を描くのはお墓参りをするのと同じ効果があります。どういうことなのか、これからご説明しますね。

これまで約1万人の方々のお顔を鑑定して直接お聞きしたのですが、大きく成功して旬で活躍なさっている方は、ほとんど例外なくご先祖様を大切にされています。きちんとお墓参りしたり、毎朝手を合わせているとおっしゃるのです。

そういう方々は成功します。

なぜなら、ご先祖様に手を合わせた瞬間に、邪念《じゃねん》、つまりネガティブな思いが飛ぶからです。

私たちは、放っておくと1日6万回ぐらいいろいろなことを考えますが、その中で6割ぐらいはネガティブなことだと言われています。

もし、それを放置してしょっちゅうネガティブなことを考えていたら、運気は上がりません。

なぜなら、運は脳の考え方で決まるからです。

でも、手を合わせておじいちゃん、おばあちゃんを想って向き合うと、邪念はすべて飛んでいきます。同じように、眉を描いて自分の顔が好きになると、その瞬間、邪念はなくなり、ご先祖様の応援団がニコニコ笑ってそばに来てくれるのです。

夢で「ご先祖応援団」と会った社長さん

ここまで読んで、「ご先祖様が来る？　そんなの信じられない」と思った人はいませんか？　同じように信じていなかった方々が、面白い体験をされています。

ある一部上場企業の社長さん、30代の男性の例です。

お顔鑑定を受けてくださった翌日の午前4時すぎ、たいそう興奮した様子のラインが入ってきました。「どうしても生の声で話したいので、30分時間がほしい」と書いてあります。懇意にしている社長さんだったのでOKしたら、すぐにお電話が。

そして開口一番「本当にいました！　ご先祖応援団！」とおっしゃるのです。

朝方、夢を見た。雲の上まで続いているひな壇があった。そこにちょっと前に亡くなったおばあちゃんと、もうちょっと前に亡くなったおじいちゃんがいて、ニコニコ笑って「久しぶりやな〜」と手を振っているのが見えたと。

「れい子先生、申し訳ありません！　ご先祖応援団、本当にいらっしゃいました」とおっしゃるので、絵を描いて送ってほしいとお願いしたら、ちゃんと描いて送ってくださいました。

私はその方のお顔鑑定で、「素晴らしい眉だから、いまこんなに事業が繁栄しているんです。今日寝るときに『おじいちゃん、おばあちゃん、ありがとう』と言って寝てくださいね、仕事前に眉を描いてくださいね」とお伝えしていました。

その社長さんは、「そんなことあるのかな」と思いながら、寝る前に仏壇を掃除したそうです。そうしたら、夢にちゃんとご先祖様が出てきたのです。

しかも、同じような方が３人いらっしゃいました。みなさん同じ光景を見ています。

本当に、ご先祖様はあなたのそばにいるのです。よい眉を描くと「あ、私たちの出番だ！」と、強運な人生を送ったご先祖様がひな壇を降りてやってくるのです。

不思議ですが、本当の話です。お顔鑑定や開運美容をしているとこんなエピソードがいっぱいで、誰よりも私自身が面白くてやめられないのです。

どんな眉が開運できるのか?

開運眉のポイントは、**長さと濃さと形です。**

眉の長さは、兄弟宮の中でも「生命」に関係しています。観相学では、「眉が長ければ長いほどよい」と言われています。

眉が長いほど長寿で、家族との縁も深く、仕事やお金も長期にわたって入ってきます。つまり、すべてにおいて長寿なのです。

眉毛の濃さも重要です。眉が濃い人は、自分をしっかりもっていて感情もちゃんと出すタイプです。眉が薄い人も、濃くはっきり描けば個性を発揮できるようになります。

眉を濃くして、人がぱっと変わる瞬間を、私はたくさん見てきました。

眉の形からは、性格やもって生まれた運がわかります。開運できる眉の形はひとつだけではないので、どんな人生を望むかを考えて、デザインを調節するのがおすすめです。

あなたの眉はどのタイプ？

では、さまざまな眉のタイプと基本的な運勢をご紹介します。

一文字眉

シュッと一文字に伸びた眉。事業運がメイン。事業をする人に向いた眉。人生を貫く眉。決断力や意志の強さがある。正直な方が多い。老後安泰。ただし男眉。

いま、女優さんやモデルさんの間で流行っているのが一文字眉です。我が道を行くタイプで協調性はないですが、一匹狼的な事業には向いています。けっして悪くないのですが、結婚やパートナーシップには向いていない眉です。

私のお弟子さんのひとりが、この一文字眉でした。彼女には5年間付き合っている彼氏がいて、早く子どもを生みたいという希望もあったのですが、なぜかプロポーズには至らず、30歳を迎えていました。

あなたの生まれ持っている運、寿命、神様やご先祖様から
どれぐらい応援されているかがわかります！

アーチ眉

穏やかな弓形の眉。誰からも好かれ、周囲からの愛情を受け、運を開くタイプ。優しい反面、他人の影響を受けやすく、八方美人になりがちな傾向も。

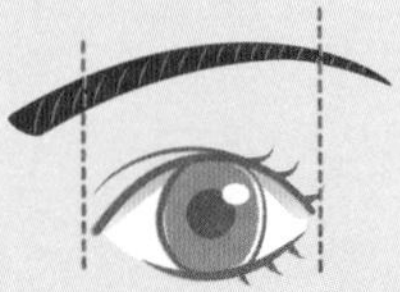

長い眉

目の幅よりも長い眉。結婚運が強く、不自由のない幸せな生活を送れる。長寿とお金の運もあるが、警戒心が薄く、人にだまされやすい面もある。

剣眉

眉尻が下がり、シュッと細くなった眉。粘り強く、自分の信念を押し通せるタイプ。勝負事に向いているが、もめ事に巻き込まれやすい。

一文字眉

シュッと一文字に伸びた眉。正直で意思が強く決断力もあり、仕事運が強い。時に頑固な一面もある。

乱れ眉

もじゃもじゃでまとまりのない眉。起伏の激しい運命をもつ。周囲の刺激や情報に敏感だが、心が乱れやすいときもある。

濃い眉

太く濃い剛毛の眉。漫画のヒーローのように熱く負けず嫌い。本能で突き進み、困難を跳ね返す強運の持ち主。協調性を意識することでさらに運気アップ。

あなたの眉を見つけてください

地蔵眉

半月が二つ並んだ形の眉。人望と人徳があり、人から押し上げられて成功するタイプ。財運にも恵まれるが、人を裏切ると一気に財産を失うので注意！

への字眉

スッと上がって下がる形の眉。仕事運が強く、目標に向かってやり抜く情熱と行動力があり、事業で成功しやすい。周囲が見えず突っ走ることもある。

ひも眉

細くて長い眉。異性に深く愛され、潔癖で気高いタイプ。金運にも恵まれるが、気が弱く、人に左右されて人生を送る傾向があるので、そのような場面になってしまったときは注意が必要。

八の字眉

八の字に垂れ下がった眉。心が広くて優しく、度胸があり、細かいことにこだわらない。他人に親身になるあまり、だまされやすい一面もある。

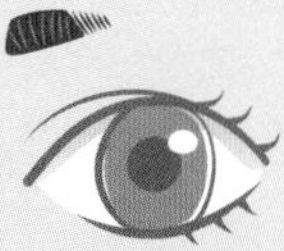

短い眉

目の１／２以下くらいの長さの眉。短い眉はすべての運が短命になるが、「運は自分で育てる」と気持ちを強くもつことで、運勢が好転し始める。

あっさり眉

薄く柔らかい毛質の眉。優しくて思いやりがあるが、内気で引っ込み思案な一面も。「どうしよう……」と迷ったときに、思い切って自分の殻を破ると運気が上がる。

彼とは、デートしても仕事の話になってしまい、「じゃあ、また」みたいな、アッサリした関係だと言います。

それもうなずけます。眉はセンサーやアンテナのような働きをするので、一文字眉の女性を見ると、相手は仕事を思い出すのです。

だから、仲は良いのですが、いつも「仕事どうだった?」みたいな話になるわけです。

そこで私は彼女に「仕事が終わったら、アーチ眉(後述)にしてデートに行って」とすすめました。そうしたら、なんとその日のうちにプロポーズされたのです。

「なぜいきなり彼がプロポーズしようと思ったか、聞いてみた?」と彼女にたずねると、彼は、「優しい顔になったね。この顔で、家で『お帰り』って待ってくれたらと、結婚したときの家庭が見えた。いままでは見えなかった」と言ったそうです。

もちろん、一文字眉が悪いわけではありません。仕事では成功できる眉です。

バリバリ仕事をしたい女性は5時まで一文字眉にして、彼とのデートにはアーチ眉を描いていきましょう。

アーチ眉

おだやかな弓形の眉。愛情運、感性豊か、金運もある。人からの愛情で運をひらく。女性には理想的といわれ、幸せな結婚ができる。

一文字眉の例でもお話ししたように、アーチ眉の人はまわりから愛され、パートナーとの関係も良好になります。人間関係をよくしたいなら、ぜひともアーチ眉をおすすめします。

長い眉

目の幅よりも長い眉。長寿、度量が大きい、人生が太く長くなる。愛情も一生続く。幸せな結婚ができる。老後が安泰。人生が太く長くなる。

金運には、眉の長さもとても大事です。眉が長いのは最高！　いいことしかないです。長ければ長いほど運を爆上げできる眉です。眉を描くときは思い切って長くしましょう。

濃い眉

太く濃い剛毛の眉。積極的。競争心がある。困難を跳ね返す強運の持ち主。女性なら男勝り。

濃い眉には財運もあります。晩年に向かってどんどん運が良くなります。元々の本能も強い人です。

フジテレビの制作の方が私の本をお読みになって、「アナウンサーが濃く太い眉を描いて1週間過ごしたら、どんなに運が強いことが起きたか」という企画を立て、バナナマンの設楽《したら》さんの特番で放送したことがあります。

濃い眉といえば、芸能人ではイモトアヤコさんがいますね。

もちろん彼女は私の本を読んでいませんが、あの濃い眉を描いてタレントとして大当たりしたわけです。普通の眉だったらそうはなりませんでした。

イモトさんは競争心があるし、運の強さも積極性もあり、登山でもマラソンでも、何にでも「よし!」とチャレンジしましたよね。だから彼女はこの眉で成功したのです。結婚もしました。全部眉のおかげです。

フジテレビさんが、私の本の中からほかでもない「濃い眉」を選んで実験したのは、目の付けどころがさすがだと思いました。

剣眉

角度をもって上に上がり、力強く眉尻がはね上がった眉。信念と粘り強さ。戦い眉、粘り眉。ここぞという勝負ごとに向いている。誰がなんといっても持論を曲げない。

剣眉は、「義経眉」「武将の眉」ともいわれています。元々の眉がこの形になっている人は、200万人のご先祖様の中に、武将のご先祖様がいます。20代さかのぼるとちょうど600年ぐらい前ですから、室町あたり、戦国時代の武将がついています。

いまは、こんなふうにぐっと上に向かっている眉が多いです。2、3年前のディオールのショーでも、モデルさんが全員剣眉で歩いていて、「女が強い時代を意識しているんだな」と思ったことがあります。

実は、眉はその人の脳が描かせるのです。眉は脳と結びついているので、「絶対負けない、どんなことがあってもこれをやりとげる」と思っていると、眉の描き方も強くなっていきます。知らないうちに上のほうに向かう眉を描いているのです。

ちなみに、眉頭と眉山の角度の差がある眉は、最後は下を向いていても剣眉です。

大きな会社の社長秘書で、いつも社長とケンカになるという女性は、この剣眉でした。人から喧嘩をふっかけられることもよくありました。もうひとり、芸能プロの社長さんで、「私、どうしてもトラブルに巻き込まれるの」という人も、お顔を見るとやっぱり剣眉です。剣眉は、それを見た相手が戦いたくなってしまうのです。戦いの眉なので、人にそういう反応を起こさせるわけです。

そこで、秘書さんには「丸くアーチにして協調性を持たせましょうね」とおすすめしました。アーチ眉にしてからはうまくいっています。芸能プロの社長さんも、ちょっとアーチっぽい感じにしたら協調性が出て、人間関係がよくなりました。

アーチ眉は協調性２００％、協調性ナンバーワンの眉です。

眉尻が上がっている人も、まっすぐ一文字の人も、そこに丸さを少し入れるだけでコロッと運勢が変わります。交渉事でも何でも、眉さえ変えれば、まったく違う結果になるのです。

乱れ眉

芝生みたいにもじゃもじゃでまとまりがなく、乱れている眉。運命の起伏がある。心が乱れていたり、感情の浮き沈みが激しい面も。

アニメなどで猫が怒って毛を逆立てる場面がありますね。ちょうどあんな感じの眉です。

眉は乱れがなく、きれいに整っているほうが、運気が安定します。

もしあなたが乱れ眉なら、はみ出た部分はカットして、上から開運する眉を描きましょう。それだけで大丈夫です。描いたらもう変わります。

への字眉

スッと上がって下がる形の眉。生活力。山に向かう。そしてやり抜く。事業の成功。勝気。まわりからも認められる。実行力あり。人の力も借りられる。

実はこの本でご紹介する「金運眉」も、への字眉のアレンジです。

金運を意識して、眉山の位置をひと工夫してあります。への字眉は仕事運がよいので、仕事で成功してお金を呼び込むことができます。

さらに、人気運、金運財運、才能や長寿の運など、他の開運要素もたくさん加えてあるのが金運眉です。

八の字眉

八の字に垂れ下がった眉。心が広く優しく度胸があり、大胆不敵。細かいことにこだわらない。

下がった眉は、一見、情けなさそうに見えますが、実は度胸があってスケールも大きいのです。そして、優しいのでいろいろな人が寄ってきます。

親身になるタイプだけに、利用されてしまうこともありますから、よく相手を見ることが必要です。でも、この眉の人は思いやりがあってとてもよい人です。

あっさり眉

薄くて柔らかい眉。優しく思いやりがある。内気で引っ込み思案。

あっさり眉の人はちょっと気の弱い面があります。でも、これも濃くするとその瞬間に変わります。成功への道もひらけます。

薄いだけでなく、途中で眉が切れている場合はエネルギー不足になりがちなので、切れた部分はしっかり描いて補いましょう。

若い頃に比べてエネルギー不足を感じる人、それは年齢のせいだけではありません。年齢とともに眉が薄くなってしまうせいもあるのです。

最近、開運するために手相を描くのも流行っていますよね。それと同じ発想で、眉が薄くなってしまったら自分で濃く描けば、たちまち元気が出てきます。

地蔵眉

半月が二つ並んだ形の眉。長さは目と同じぐらいの幅。人望と人徳があり、人から押し上げられて成功するタイプ。財運にも恵まれる。

昔の浅田真央さんが地蔵眉です。この眉の人は、先祖の徳を受けています。人徳のある、世のため人のために働いてきたご先祖様が応援しています。心優しく人望・人徳があり、お地蔵さんの生まれ変わりともいわれています。

ひも眉

細くて長い眉。異性に深く愛され、潔癖で気高いタイプ。金運にも恵まれる。

ひも眉は愛人眉ともいわれています。昔、銀座のママなど、夜のお仕事の女性はよくこういう眉にしていました。

ひも眉の女性はかよわい印象を与えるので、男の人は「自分がなんとかしてあげたい」と思うのです。頑張って自立するタイプではなく、強い男性の寵愛《ちょうあい》を受ける運があります。クラブのママたちは、男性の心理を知っていたわけですね。

知り合いの社長さんたちに「どういう女性が好き?」と聞くと、みなさん「一緒にいて自信を失う女性はいやだ」と言います。たとえば相手の方が自分より収入があったりすると、たちまち自信喪失してしまうのです。

逆に、「この人はひとりで生きていけないから、俺が何とかしてやろう」と思うと「よし!」と元気が出るわけです。そう思わせるのが、ひも眉の女性です。

男の人に何かお願いするときは、眉をほそーく描いて、「私、なんにもできないんですぅ」という雰囲気を出すと、喜んでＯＫしてもらえます。

短い眉

目の２分の１以下の長さの眉。長い眉とは逆にすべての運が短命。孤独になりがち。

短い眉は、長く描きましょう。描けば大丈夫です。

女性も男性も、年齢とともに眉が薄く短くなる人が多いですが、これをそのままにしておくから運気が下がるのです。でも、長く濃く描いたら、いきなり寿命が延びます。伴侶に先立たれた人も、眉を長く描いておくと、人に恵まれてにぎやかな人生を送れます。

金運眉の描き方／あらゆる運を一気に爆上げできる眉！

さあ、それではいよいよ金運爆上げ眉の描き方をお教えします！

①骨格アーチ（弁財天ライン）の確認

顔を上向きにした状態で、下目遣いに鏡を見て、鼻から眉にかけての「骨格アーチ」（弁財天ライン、79ページ参照）を確認します。

②黒目の目頭寄りに眉山をつくる

正面を向き、黒目よりも目頭寄りの部分に眉山が来るように、骨格アーチ（弁財天ライン）に沿って目尻まで薄く眉を描きます。

③眉頭をやや薄めに描く

眉頭から眉山に向かって、下から上へ描く

④小鼻〜目尻を結んだラインを意識して長く眉を描く

②〜③で書いた薄い眉をなぞるように、眉頭は薄めにして、しっかりと描いていきます。
長さは、小鼻と目尻を結んだライン上か、それよりも長くなるようにします。

⑤眉頭を丸くしっかり描く

眉頭を丸くして、しっかり描く。このとき眉間は指2本〜2本半分ぐらい開けます。

⑥ピンクをのせる

仕上げに、ピンク系のチークやピンク色のフェイスパウダーを、眉全体にふんわりとのせます。

以上が金運眉の描き方です。
これは金運だけでなく、仕事運や対人運など、あらゆる運を一気に爆上げできる眉です！

金運眉の描き方

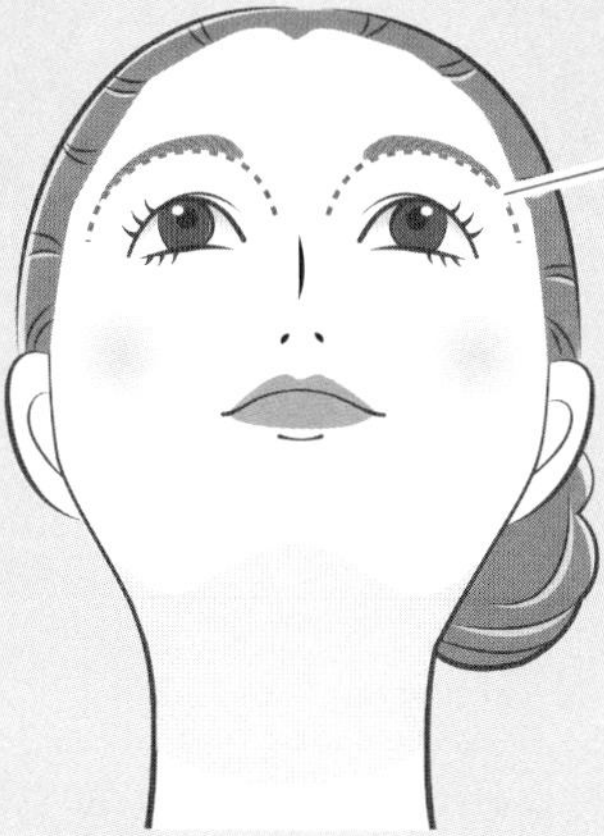

骨格アーチを確認
（弁財天ライン）

❶

顔を上向きにした状態で、下目遣いに鏡を見て、「骨格アーチ」（弁財天ライン）を確認する

黒目の目頭寄りに眉山を作る

❷

正面を向き、黒目よりも目頭寄りの部分に眉山を置き、骨格アーチ（弁財天ライン）に沿って眉尻まで薄く眉を描く

⇦次ページへつづく

❸

眉頭をやや薄めに描く。眉頭から眉山に向かって、下から上に向かって描く

しっかりなぞる

小鼻～目尻を結んだラインを意識し長く眉を描く

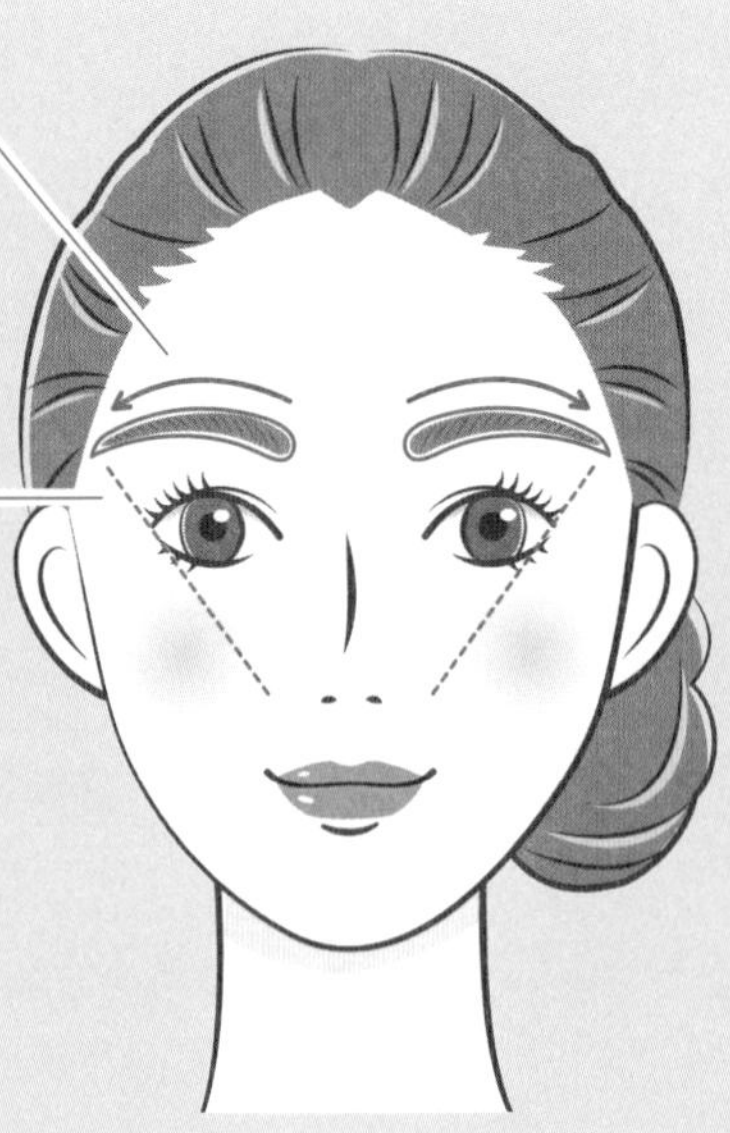

❹

眉頭は薄めにしながら、②～③で描いた薄い眉をなぞるように、しっかり描いていく。小鼻と目尻を結んだライン上に眉尻が来る。もしくはそれより長くなるように描くのがポイント

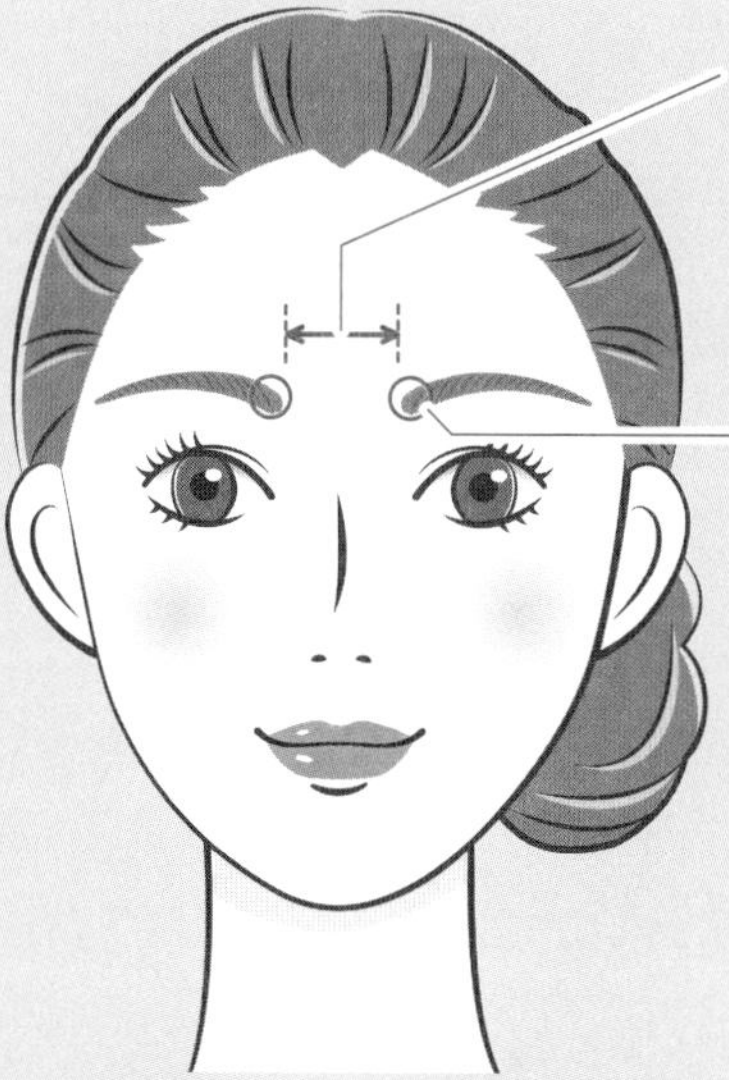

❺

眉頭も④同様にしっかり描いていく。ただし、眉頭は丸く描く。その際、眉間が指幅2本〜2本半分くらい開くように意識する

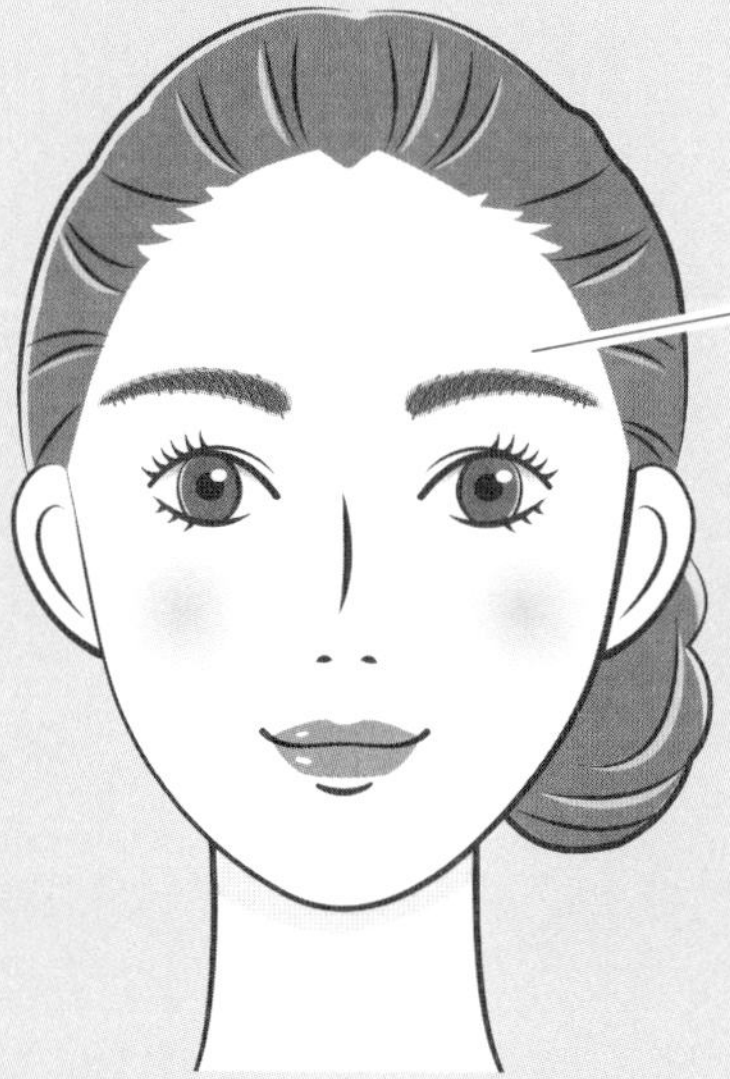

❻

仕上げに、ピンク系のチークやピンク色のフェイスパウダーを眉全体にふんわりとのせる。ピンクはうっすら入れるだけでOK

⇦次ページへつづく

金運眉の完成!!

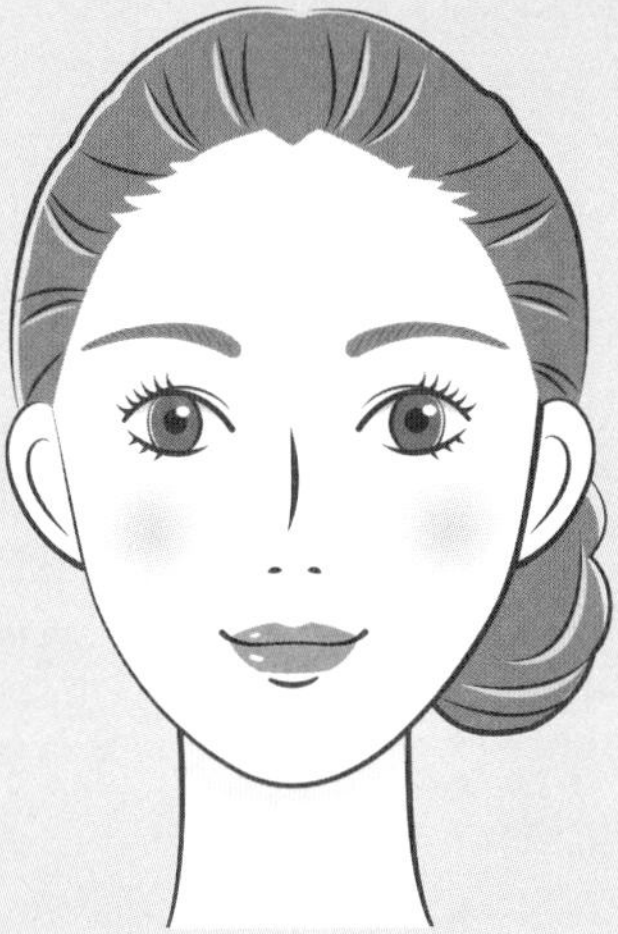

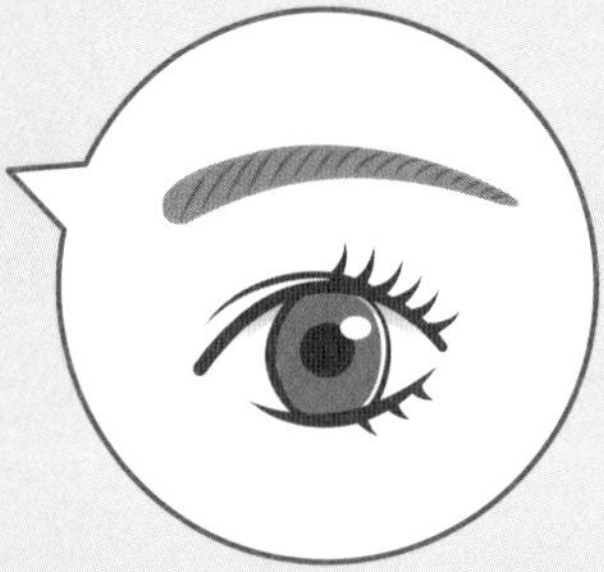

人に愛される「アーチ型」と、仕事運に強い「への字型」の組み合わせの眉で、金運爆上げに！

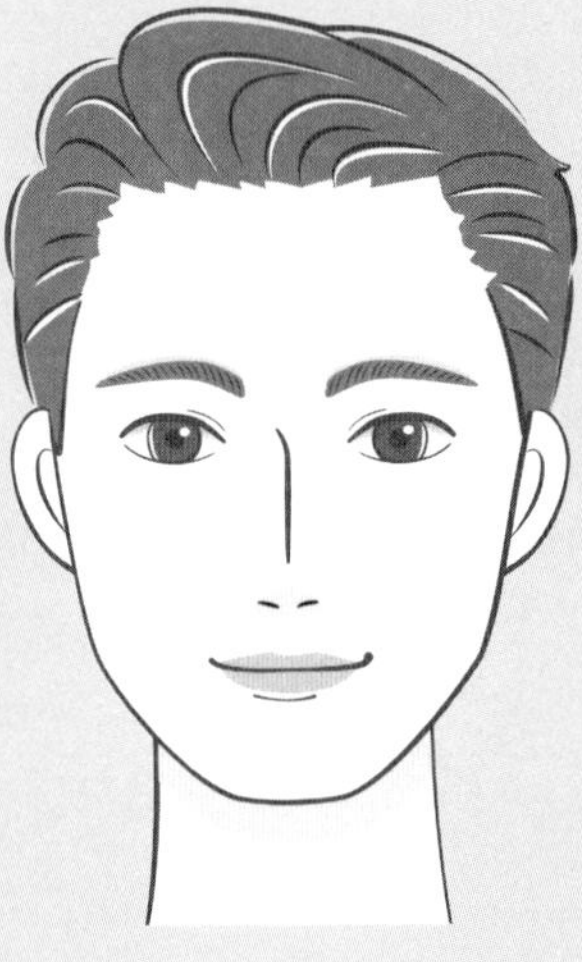

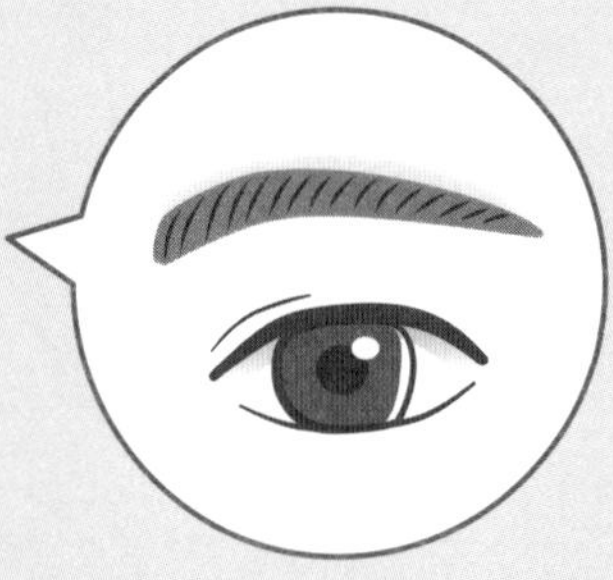

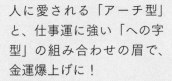

◆基本はアーチ型とへの字型の組み合わせ

金運爆上げ眉は、愛情運がよくなって金運が上がるようにデザインしています。ですから、基本は、**人に愛される「アーチ型」と仕事運に強い「への字型」の組み合わせです。**

アーチ眉には、私が「弁財天ライン」と名づけたオリジナルの描き方も少し入っています。骨格を意識して、鼻からの延長線上でアーチを描いていくのがそれです。

財運をもたらす弁財天をはじめ、仏像のお顔を見るとみんなこういう眉をしていますよね。

こうした**仏様のようなアーチ眉を描くことによって、人気運がチャージできると同時に、お金回りもよくなります。**また、眉をしっかり長く描くことで、あらゆる面で強運になります。

そして、仕事で成功するへの字型の眉山は、12宮の中で金運・財運のエリアである「福徳宮」(58ページ参照)の頂点にあたる、**黒目の目頭寄りの部分にもってきます。**「金運の山を登って、登頂大成功!」というイメージでつくってあります。

最後に、眉にピンクをのせることで、未来の運気をアップさせて絶好調になり、さらに対人運をアップさせます。

億女・億男をめざす方のために、愛、仕事、才能、お金、健康、長寿……といった希望がすべて叶う、欲張りなデザインにしました。

まずは自分で試したところ、人脈が広がり、以前にも増してお仕事の依頼が増えました。これならばと、多くの人にお試しいただくと、みなさんから驚くような金運爆上げの報告がどんどんやってくるようになりました。

だからこそ、自信をもっておすすめできるのです。男性も女性も、ぜひこの「金運を爆上げする眉」を実践していただきたいと思います。

眉間が大事（運とエネルギーの入り口）

ここから、「金運を爆上げする眉」のポイントを、さらにくわしくお伝えしていきましょう。

金運眉においては、眉間も非常に大事です。眉間には「命宮《めいぐう》」というエリアがあるからです。

眉間の金運爆上げチェックポイント

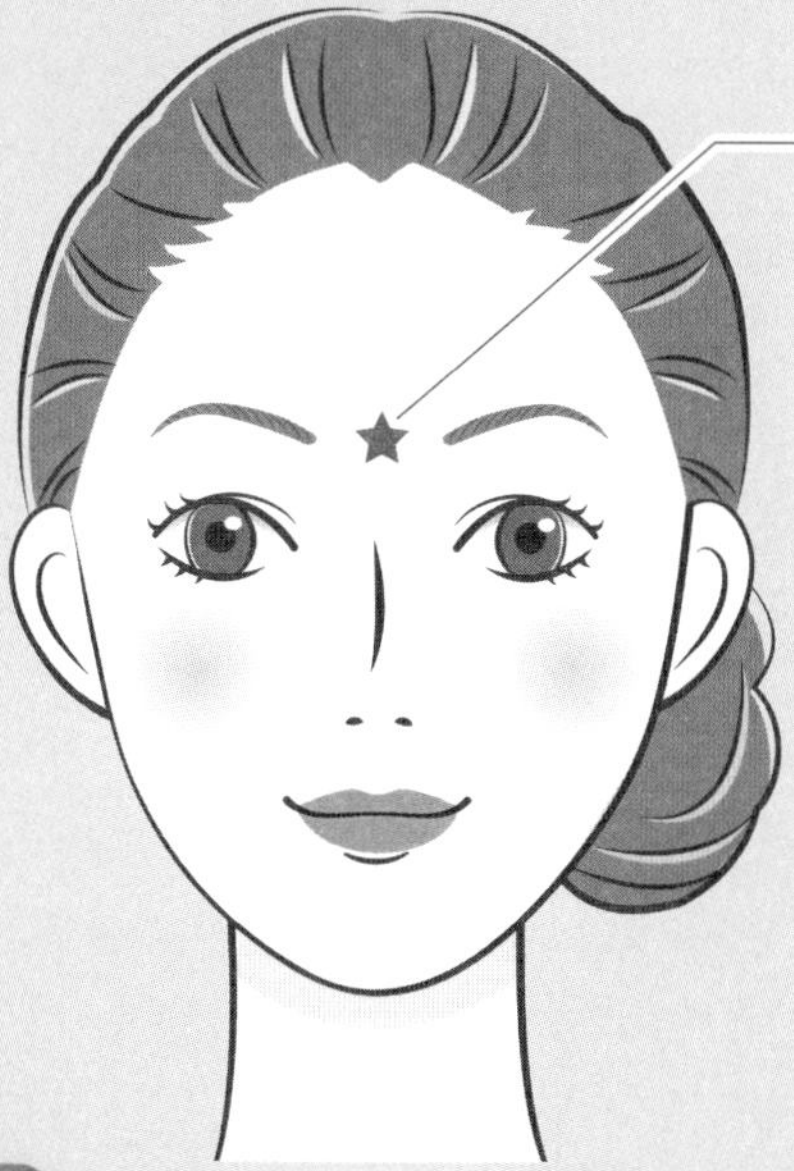

お手入れ方法

❶ 眉間の広さをチェックする。人さし指と中指を揃え、鏡の前で眉間に当てる。左右の眉の間が指２本～２本半分くらい開いているのが理想

❷ 眉間の間隔が指２本～２本半分くらい開くように、眉毛を整える。毛抜き・カミソリ・脱毛など、処理方法は自分が無理なくできる方法でOK。定期的にチェックをして、きれいに処理しておくこと

❸ 仕上げに、しっかりと保湿をして、クリームまたは精製度の高いオイルを塗り、眉間をピカらせておく

命宮は、願望達成、健康、生活力、精神力などを示し、ここを見ればその人が思い通りの人生を送れるかどうかがわかります。

そして、**眉間は宇宙のエネルギーの入り口です。宇宙エネルギーは頭上から、命宮を通って入ってきます。そこは金運の入り口でもあります。**

命宮こそ顔の門であり、玄関です。

ですから、風水で家の玄関をきれいにしておくのと同じように、眉間をきれいに整え、ピカらせる！（ピカピカに光らせる）ことが金運爆上げにつながるのです。

金運爆上げのための眉間の整え方は、次の通りです。

眉間は、左右の眉の間が指2本〜2本半分ぐらい開いているように整えます。

うぶ毛があれば処理して、化粧水で保湿してからクリームを塗り、ピカらせてください。

ここがちゃんと開いていると運の入り口が開き、神様も出入りできます。うぶ毛は雑草と同じで出入りの邪魔になるので、抜くなり剃るなりして除いておくのです。

眉間がすっきり広ければ、玄関が「ウェルカム」と言っているのと同じですから、人に好かれ、良い人も良い気もやってきます。どーんとした土台ができるのです。

◆眉間が広い「開き顔」で良縁を引き寄せよう

人相学には、「開き顔」と「寄り顔」があります。

眉の間が指2～2本半ぐらい開いていると開き顔、それよりも狭いのが寄り顔です。

眉の間が指1本分ぐらいしか開いていない人は、気難しく、守りに入ってしまいます。「あの人気難しいだろうなぁ」と思わせる人はみんなそうです。

心配性の人は、知らないうちに、顔が鼻のほうにぐーっと寄っていきます。「家計が厳しいなあ。これからどうしよう」などとクヨクヨしていると、だんだん、こぢんまりした顔になっていくのです。

おおらかで「どんとまかせろ」という感じの人は、みんな開き顔。眉間が開いています。人にも、明るく話しかけやすい印象を与えます。

ただし、やりすぎはいけません。眉と眉の間が指３本以上開くと、ルーズすぎて「誰でもおいで」となってしまいます。そうなると、あまり望ましくない人やご縁も引き寄せてしまう可能性があります。

眉間を大事にしてください。ここ次第で、あなたのそばに来る人も変わります。

おでこが大事！　ピカらせる!!

あなたは前髪でおでこを隠していませんか？

もしそうなら、いますぐやめましょう！　それは部屋のカーテンが閉まっているのと同じ。運が停滞してしまいます。**おでこは出して、ピカらせることが大事です。**

なぜおでこが大事かというと、おでこには12宮のうちの５つもの宮があります（59ページ参照）。つまり、顔の中でいちばん運がいっぱい詰まっている場所だからです。

おでこの真ん中、官禄宮《かんろくぐう》は、出世、社会、仕事、地位のエリア。男性はもちろん、女性も前髪を上にあげてこの部分を見せると、社会運がよくなります。

おでこの金運爆上げチェックポイント

❶ 官禄宮《かんろくぐう》

出世、社会、
仕事、地位

❷ 福徳宮《ふくとくぐう》

金運、財運、
商売

官禄宮の左右には、金運財運、商売運の福徳宮《ふくとくぐう》があります。

眉間にある命宮は、願望達成、健康、生活力、精神力のエリア。しかも運や宇宙からのエネルギーの入り口でもあります。

遷移宮《せんいぐう》は、おでこの生え際です。ここをちゃんと出しておくと、旅行、引っ越し、出張など、どこへ行ってもいいことばかりです。いい所に引っ越せるし、旅行先のホテルや食事もＯＫ。出張でも良い商談が決まります。

そして、才能やすべての運の寿命を握る眉も、おでこのエリアと重なっています。

このように、私たちがほしい運が全部詰まっているのがおでこなのです。

だから、**おでこは「全面上げ」がおすすめです。**

出世、地位、金運、財運、願望達成、どこに行っても成功する運。カギを握っているのは全部おでこなのです。


では次に、金運爆上げのために、おでこを含む各パーツをどんなふうに磨けばよいのか、一つひとつお伝えしていきましょう。

金運爆上げのための各パーツの磨き方

1. おでこ

すでに述べた通り、おでこは全開にするのが鉄則です。

「前髪を下ろしたほうが若く見えますよね？」という人がいますが、それよりも運です！

金運爆上げを望むなら、「若見え」より「運」を優先してください。

金運を爆上げする理想のおでこは、「広く丸みがあってピカり！　輝くおでこ」です。

洗顔で汚れをしっかり落とし、化粧水できちんと保湿してクリームか精製度の高いオイルを塗り、いつもピカらせておきましょう。

ただ光っているというレベルではなく、ピッカピカ！　であることが大事なので、私はいつも「ピカる！」「ピカらせる！」という言い方をするのです。

とくにおでこの真ん中の官禄宮をピカらせておくと、ご先祖様の中でも、とくに稼ぐのが得意だったり、商売上手なご先祖様から財運をもらえるのです。その知性が、おでこの光り方に表れてきます。すると、同じような、金運財運のある裕福な人たちが引き寄せられてきます。

もちろん、運やエネルギーの入り口である眉間も、忘れずにピカらせます。

眉間をピカらせて、宇宙からも「あの子、ピカッてる！」とすぐわかるようにしておけば、エネルギーをたっぷり照射してもらえます。

おでこは、「人気、放気」の場所でもあります。入ってきた気は、ためこまずに1日ごとにチャラにしたいですよね。生きているといろいろなことがあります。良い気を入れて、ダメな気を早く外に出せるように、風通しよくすることが大事です。

おでこを出しておくと、気の循環もよくなるのです。

それと、いま、とくにおすすめしたいのは、**眉のすぐ上の部分、福徳宮《ふくとくぐう》のマッサージです。**

福徳宮は、金運や財運を表す重要なエリア。ところが最近、ここに影ができている人が増えているのです。

原因は、長引いたマスク生活です。眉だけ動かすクセがついたために、眉を動かす筋肉（眉弓筋）が変に発達して、ひさしのように盛り上がってしまったのが原因です。

コロナ禍のストレスや心配事で、眉をしかめることが多くなったことも、ますます眉の筋肉を発達させてしまいました。

いずれにしても、顔にできた影は、そのまま運勢の陰《かげ》りにつながります。

おでこには影ひとつないようにしておくこと。これも金運爆上げに欠かせない条件です。

でも、おでこに影ができてしまった人も心配はいりません。おでこについた余分な肉は、マッサージで目立たなくさせることができます。

「金運爆上げおでこマッサージ」のやり方は、人差し指の指先を眉毛の少し上に当てて、眉尻

金運爆上げおでこマッサージのやり方

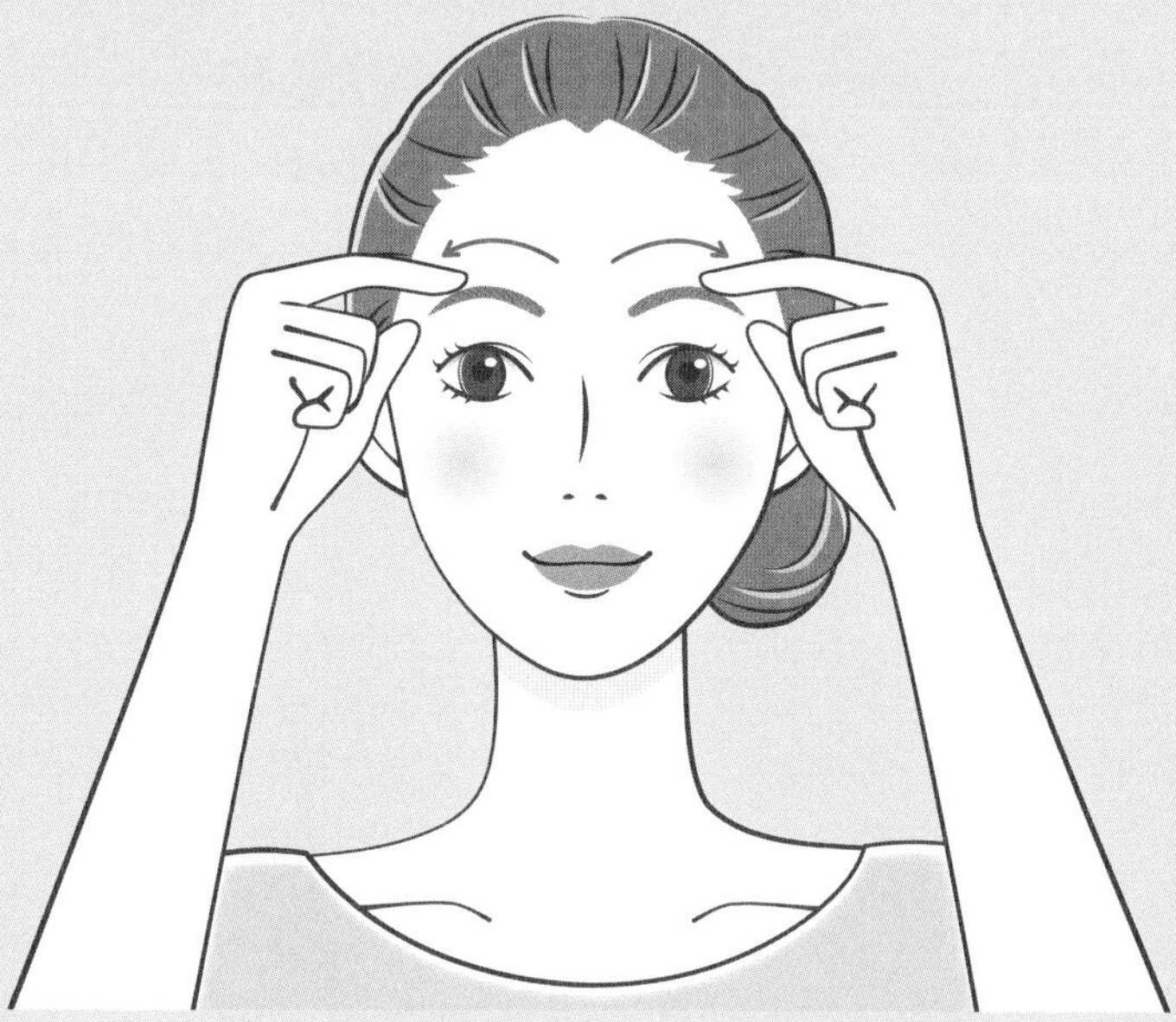

❶ 人さし指の指先を、眉毛の少し上に当てる

❷ 内から外に向けて指先を滑らせるように、優しくマッサージする。あくまでソフトに、なでるくらいの力加減で３回ほど行う。
これを朝晩の１日２回、洗顔・スキンケア後に行う

※「平らになってね」「眉の筋肉はいらないよー」と思ったり、声をかけながらマッサージを行うと、さらに金運爆上げ人相に！

まぶたの金運爆上げチェックポイント

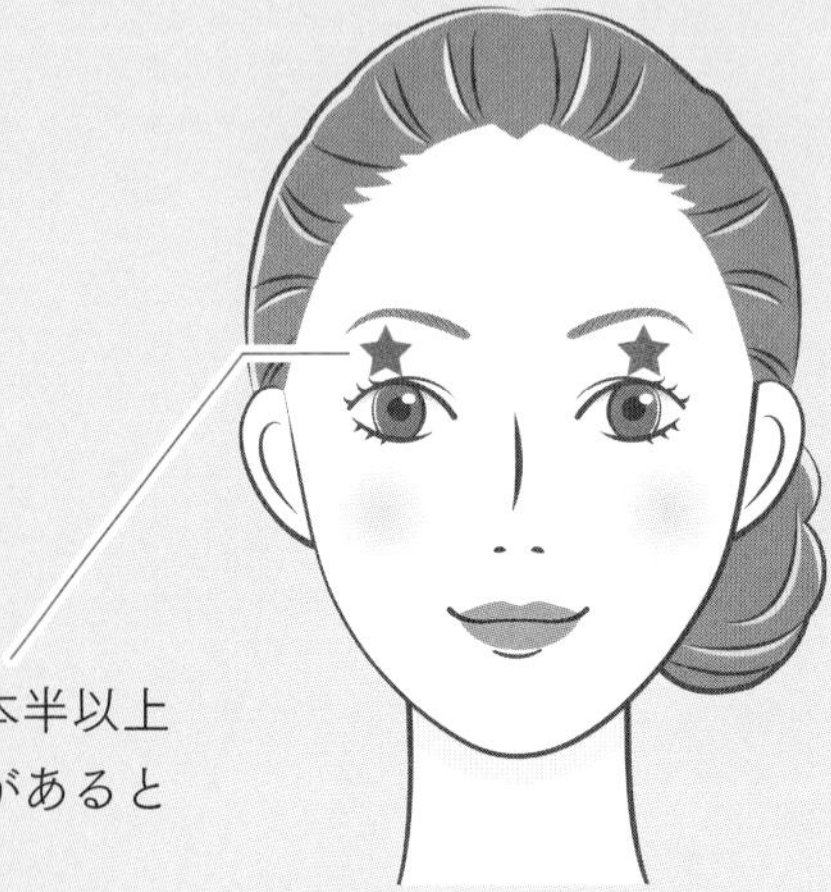

指1本半以上の幅があるといい

田宅宮《でんたくぐう》

不動産、人気
家族、愛情

うぶ毛を剃ったり抜いたりする。さらにオイルやクリームでツヤを出し、磨き上げると金運アップ！
愛情運のエリアで、眉と目の間は広いほうがいい

の方向に指先を滑らせるようにして、優しくなでるくらいの力加減で、「平らになってね」と声をかけながら、3回ほど行います。1日2回で十分です。

朝晩の洗顔のタイミングでもいいですし、仕事の合間やゆったりくつろいでいる時間でもいいので、続けてみてください。

2. まぶた

眉と目の間、まぶたは、観相学では田《でん》宅宮《たくぐう》といいます。

田宅宮は不動産運、人気運、家族運、愛情運のエリアで、ここにも私たちにとって大事な運が集まっています。

田宅宮が狭いと、自分ひとりの力だけで頑張らないといけません。ですから、

不動産運を高めるチェックポイント

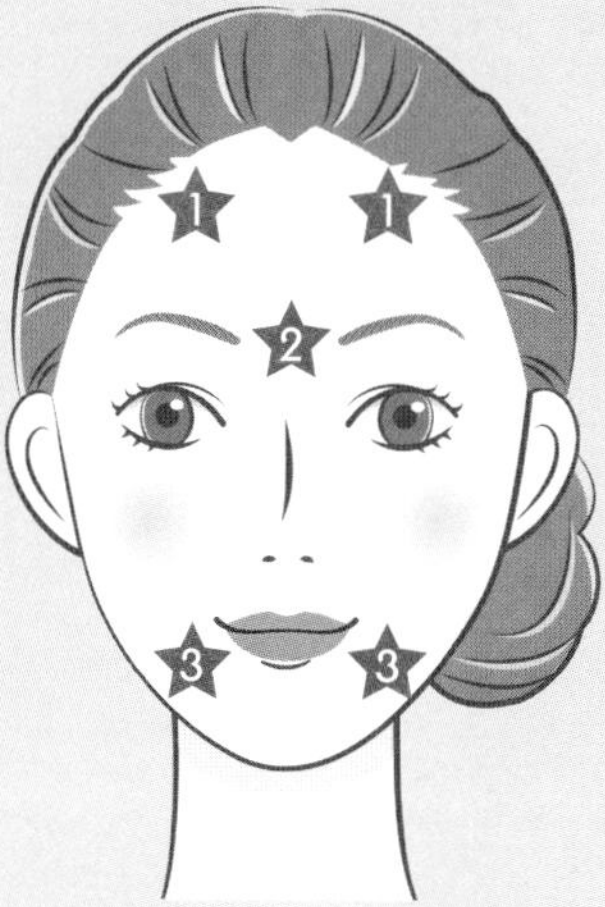

❶ **遷移宮《せんいぐう》**

旅行、引っ越し、出張

❷ **命宮《めいぐう》**

願望達成、健康、生活力、精神力

❸ **奴僕宮《どぼくぐう》**

部下、晩年、家庭、住居

うぶ毛を剃ったり抜いたりする。さらにオイルやクリームでツヤを出し、磨き上げると不動産運アップ！

眉と目の間は広いほうがいいのです。

どれくらいの広さかというと、目を開けたとき、少なくとも指1本半以上の幅があるといいですね。

それくらいの幅があると、まわりの協力が得られ、家や土地に困ることもなく、家族仲良く暮らせます。

アパホテルの元谷芙美子《もとやふみこ》社長は、まぶたと眉の間がとても広い方です。

強力な不動産運の持ち主です。

だからどんどん土地が手に入り、次々とホテルを建てられるのです。

そして、甘え上手でもあるはずです。

テレビで取材を受けていらっしゃる場面でも、ご家庭がなごやかで円満な様子が伝わってきます。

田宅宮を整えるには、眉の下のうぶ毛はきれいに抜くか、または剃り、クリームなどでしっかり保湿します。

目と眉の間隔が狭い人は、不自然にならない程度に、眉のラインの下側に生えている毛を抜くか剃るかして、指1本半分ぐらいのスペースをつくりましょう。

3. 鼻

観相学では、鼻は健康運と金運・財運を表すパーツです。

12宮では、鼻すじが「疾厄宮《しつやくぐう》」で健康運、鼻頭と小鼻は「財帛宮《ざいばくぐう》」で、金運、財運を表します。

鼻の高さは運勢と関係ありません。低くてもいいのです。**大きければ大きいほどよく、しっかり存在感があって肉厚な鼻が吉相です。**また、目頭の間の山根《やまね》が太いほど空調機能がよく、体内にしっかり酸素がいきわたるので、生命力が強く、健康運に恵まれます。

鼻柱、疾厄宮が太い人の典型が黒柳徹子さんです。本当にお元気ですよね。『徹子の部屋』は40年以上続けていらっしゃるし、90代でYouTuberにもなっています。

話を戻しましょう。金運爆上げができる鼻は、なんといっても財帛宮がポイントです。「小鼻が開いているのがいやだ」という人が多いですが、とんでもない!

財をためこむには、小鼻が肉厚で、しっかりむっくりしているのがいいのです。

そうでない人も、大笑いすれば小鼻が開きます。**誰でも金運・財運を呼ぶ鼻になる方法は、大笑いすることです。**だから「笑う門には福が来る」なのです。

鼻の穴が大きい人は、マイ金庫が大きいのでお金をため込むこともできます。ただ、正面から顔を見たときに穴が全部見えているのは、金庫に穴が開いているのと同じ。お金が入ってもどんどん出ていってしまいます。

逆に、鼻の穴が下を向いていて正面から見えない人は、お金をためる才能があります。だから、お金持ちの人には、いわゆる鷲鼻の人が多いのです。こういう鼻の人は、お金に対する感覚が鋭く、ビジネスで成功する人が多いのです。

鼻の金運爆上げチェックポイント

財帛宮《ざいばくぐう》

金運、財運

小鼻が肉厚で、しっかりむっくりしているのがいい

「私、鼻の穴が見えてる！」という人も、悲観することはありません。自分でお手入れすれば鼻の形は変えられます。顔は粘土細工ですから、どうとでも変えられます。

お金がたまる鼻にするには、左右の人差し指を小鼻の上に当てて、下向きになでるように、3回ほどマッサージします。

このとき、鼻の穴を押しつぶさないように注意しましょう。

私自身、昔は鼻の穴が見えていて、お金が入ってもすぐ使ってしまうタイプだったのです。

でも、「下を向いてね」と声をかけながら毎日マッサージを続けたら、いまはもう鼻の穴が見えなくなりました。

金運爆上げ鼻マッサージのやり方

❶ 鼻すじ（健康運アップ）

左右の人さし指と中指を鼻の山根《やまね》に当てて、小鼻に向かって、鼻の両脇にそって人差し指を3回ほど往復させてマッサージする。「どんどん健康！」「太くなぁれ」「丈夫になる！」などと思ったり、声をかけながら行うとよい。元気に働くために欠かせない健康運がアップします

❷ 鼻頭（金運アップ）

人さし指を鼻の頭に当てて「お金が回る♪お金が回る♪」と思ったり、声をかけながら、クルクルと円を描くようにマッサージする（3回くらい）。鼻の頭は金運を司る重要なポイント。マッサージすることでツヤが出ます。ツヤが出れば、あなたの金運にも磨きがかかります

❸ 小鼻と鼻の穴（財運アップ）

左右の人さし指を小鼻の両脇に当てて、「お金が貯まる！　お金が貯まる！」と思ったり、声をかけながら、小鼻を軽くなぞるようにマッサージする（3回くらい）。

鼻の穴が目立つ人は、左右の人さし指を小鼻の上に当てて、下向きになでるようにマッサージする（3回くらい）。このとき、鼻の穴を押しつぶさないようにする

それとともにお金をしっかり貯められるようになりました。

4. 人中

鼻の下と上唇の間を走る溝を、「人中《にんちゅう》」といいます。

観相学では、人中はその人の気力や運気のバロメーターとみなされます。

元気があって運気の波にのっているときは、人中の溝がくっきりと深くなります。

逆に、元気がなくなって運気が下降気味になると、溝が浅くなってきます。

また、人中からは、その人の意欲、粘り強さ、仕事での成功運、健康運、体力、子宝の有無などもわかります。


人中の溝がくっきりと深いのが吉相です。溝が深いと、ご先祖様との縁も深まります。

そして、すべての運が思い通りに開かれて、元気に健康に過ごせるのです。

ですから、人中が吉相なら金運爆上げにも有利なのは言うまでもありません。


人中の溝が浅い人も、大丈夫！　マッサージで対応できます。

マッサージのやり方は、指で人中をはさみ、折りたたむようにクセづけをするだけです。

金運爆上げ人中《にんちゅう》マッサージ

❶
親指と人さし指で、人中を両わきからつまむ

❷
人中を折りたたむように、押さえる。これを3回ほどくり返すマッサージで、人中の溝をくっきり、深くしましょう

私は元々人中が浅く、ぼんやりしていましたが、毎日マッサージを続けることで人中の溝が深くなりました。

そうなるにつれてバイタリティが増し、仕事をバリバリこなせるようになりました。仕事自体も途切れることがないのです。

5. 口

口が大きくて存在感があると、金運に恵まれます。口は、食べ物という、生きていく上で欠かせないエネルギー源を取り入れる器官だからです。

ビジネスの現場にも「大口のお客

様」という言葉がありますよね。たくさん商品を買ってくれたり、高額な契約を結んでくれる人をこう呼びます。

口角が、左右の目の中心から下に向かって伸ばした線よりも外側にあれば、大きな口です。

大きな口の人は、その分エネルギーを取り込む力が強く、人からの愛情や良い運気などを吸収して、パワフルに生きていけます。

そして、口の大きさよりもさらに重要なのが、**口の形です。**

金運爆上げのためには、普通にしていても口角が自然に上がり、笑みをたたえているように見える口が理想です。

口角が下がった「への字口」はとっつきにくい印象を与えがちで、これは金運にもよい影響を与えません。

口がすばらしいのは、自分の意思で自由自在に動かせるところ。もともとの口の大きさや形がどうであれ、すぐにでも「大開運する口」をつくることができます。

その方法は簡単。**つねに口角を上げることを意識して、大きな口を開けて思い切り笑うこと**

です。 できるだけ、笑顔でいる時間を増やしてください。

人と会っていないときも笑顔でいるくらい徹底できればベストです。


「女性は家の女神」と言いましたが、笑顔の女性こそが女神なのです。

笑顔の女性には、家族にも幸運をもたらすパワーがあります。周囲を明るく幸せにするだけでなく、神様やご先祖様の応援も受けやすくなり、自分自身の幸運や金運も引き寄せることができます。


笑顔を続けると、自然と口輪筋《こうりんきん》（Part3参照）が鍛えられ、口を閉じていてもしっかり口角の上がった「金運爆上げ口」が完成するのです。

6. 肌

肌でいちばん大事なのは、くすませないこと。肌にくすみや汚れがあると、貧乏神や邪気がやってきます。

とくに毛穴に気をつけましょう。

透明感のある肌のためには毛穴が非常に大事です。毛穴が黒いと肌がくすみます。

女神のように透明感のある肌をめざして、お手入れしていきましょう。

大事なのはまず洗顔です。洗顔料や石けんをしっかり泡立てて、その泡で顔を洗います。ゴシゴシこすると肌が傷ついてしまうので、泡をころがして毛穴にたまった汚れを押し出すイメージで洗いましょう。すすぎのときも、ぬるま湯をパシャパシャと優しく肌に当てます。

メイクした日は、洗顔の前のクレンジングも欠かせません。クレンジング剤にもいろいろなタイプがありますが、好みのものでけっこうです。このときもけっしてして肌をこすらないように注意してください。

洗顔後は、できるだけ早く化粧水をたっぷりつけて、油分を補うために乳液やオイルを塗ります。ツヤが足りないと感じたら、クリームを塗ります。

基本的なお手入れはこれでＯＫです。

毎日続けることでしっとりツヤツヤなお肌が手に入ります。

私自身、「趣味は？」と聞かれると「保湿です！」と答えるほど、肌のお手入れに気をつけています。きれいにピカッた肌には福の神が寄ってきて、金運爆上げ、大開運できるからです。

輝く顔になる「金運爆上げマッサージ」

ここまで各パーツの磨き方をお伝えしてきましたが、最後に、顔まわり全体が明るく輝く「金運爆上げマッサージ」を紹介します。

このマッサージは、顔の開運ポイントである12宮すべてにアプローチするとともに、血液やリンパの流れがよくなるので、血色がよくなり、つやつやの肌になります!

基本のスキンケアに加えて、毎日行うことをおすすめします。慣れたら3分もかかりません。

マッサージはクレンジングを終えた後、洗顔の前にさくらんぼ2粒分くらいの量のクリームを顔全体にのばしてから行います。

クリームは、皮膚の摩擦を避けるためなので、たっぷり塗ってください。

また、マッサージのときは自分にプラスの言葉をかけながら行いましょう。「お金が回る!」「金運爆上げ」などと自分が楽しくなる、ワクワクする言葉をかけることで、より金運アップ効果が高まります!

金運爆上げマッサージのやり方

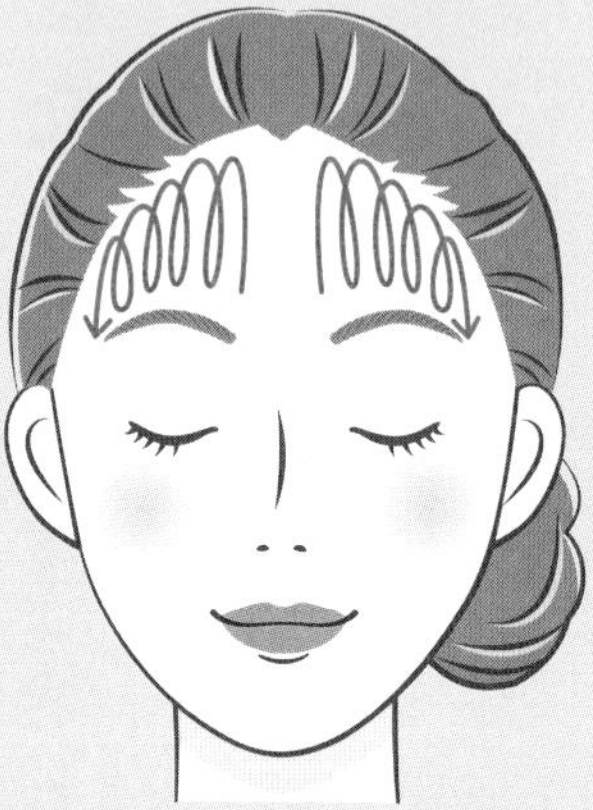

❶
左右の手の人さし指と中指の先を眉間に置き、真上に向かって外回転のらせんを描きながらマッサージし、こめかみまで進む。こめかみを軽く押さえて手を離す。この動作を3回繰り返す

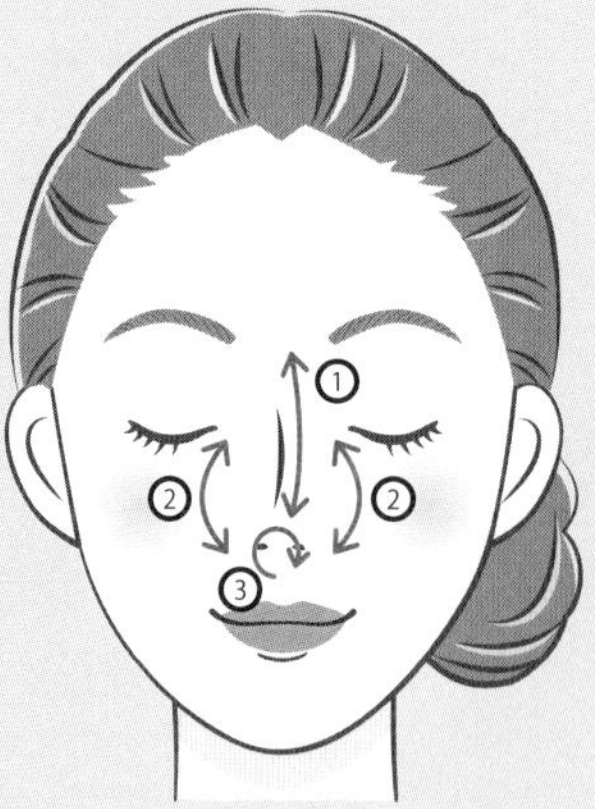

❷
同じ2本の指先で、眉間から鼻の頭に向かってなでる（①）。このとき、鼻の穴が下を向くようなイメージで行う。続いて、鼻の頭を円を描くようになで（②）、小鼻の形を際立たせるようなイメージでなでる（③）。この動作を3回繰り返す

❸
中指と薬指の先で小鼻の下からあご先までなでるように指を下ろし、口角を引き上げるようなイメージでほおもなでる。この動作を3回繰り返す

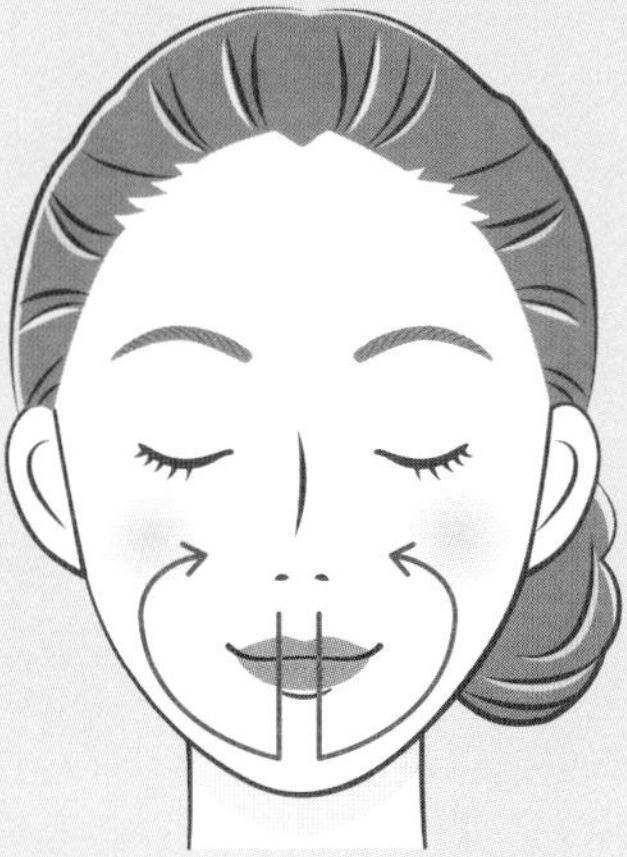

❹
あごに両手の人さし指～薬指の先を添え、輪郭上を外回転のらせんを描きながら、耳のつけ根までマッサージする。耳のつけ根まで到達したら、そのまま軽く押さえて手を離す。3回繰り返す

⇦次ページへつづく

❺
口角に両手の人さし指～薬指の先を使って指先を沿え、ほおを外回転のらせんを描きながら、アリキュラ（耳の穴の手前のエリア）までをマッサージする。アリキュラに到達したら、アリキュラを軽く押す。３回繰り返す

❻
両手の人さし指～薬指の先を使って小鼻の脇からこめかみに向かって、頬骨に沿って外側のらせんを描きながらマッサージする。こめかみまで進んだら親指のつけ根（手根）でこめかみを押し、グッと上に引き上げる。３回繰り返す

❼
両手の人さし指をカギの形にして、第２関節をほうれい線に当てる。頬骨のふちをなぞるように指を動かし、マッサージする。３回繰り返す

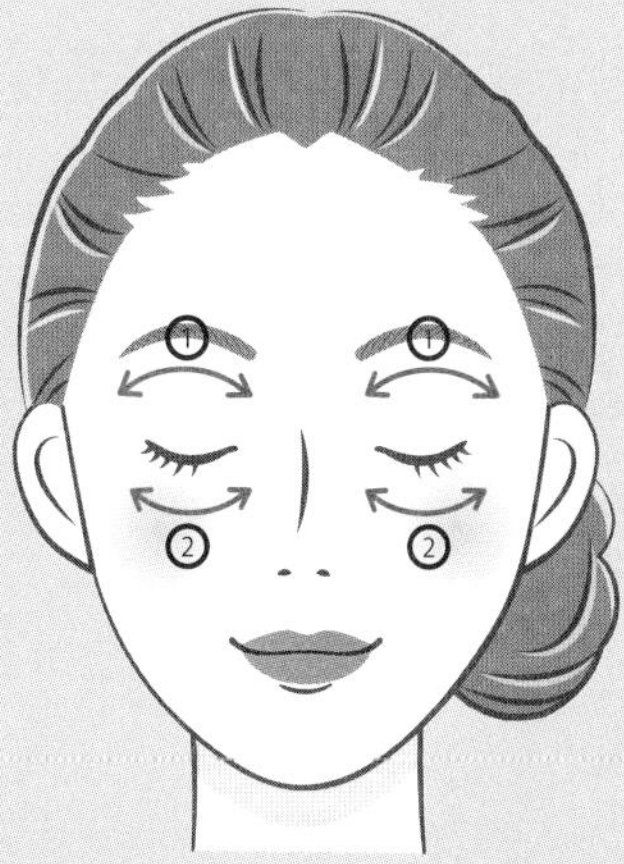

❽
目と目頭の間に中指を置き、こめかみまで眉をなぞるようにマッサージする。こめかみまで指を進めたらグリグリとこめかみを押し揉む（①）。同じ要領で、目の下もマッサージする。目頭に中指を置き、涙袋の際をなぞるようにこめかみまでマッサージする（②）。こめかみまで指を進めたらグリグリとこめかみを押し揉む。３回繰り返す

⇦次ページへつづく

❾
手の甲をあごの下に置き、左右になでる。３回繰り返す

❿
仕上げに、あごの下から鎖骨までを両手でさする（リンパを流す）

Part 3

「3大老けライン」にアプローチする開運造形美容

開運造形美容とは？

開運以前に、顔そのものに悩みがあるという方は多いですよね。

たとえば、あなたにはこんな悩みがありませんか？


表情が硬い、表情が乏しい、怖い顔、笑顔がひきつる、いつも顔色が悪い、たるみや顔老化が激しい、ドライマウス、ドライアイ。カサカサの悩み。

実は、これらはすべて、**顔の筋肉＝表情筋の衰えのせいなのです。**

表情筋が衰えると、表情がぎこちなくなったり、老け顔になるだけでなく、たるんだ所が影になるので、顔相学的にも運がダダ下がりの顔になってしまうのです。これは放っておくわけにいきませんね！


そこで私は、どんな方でも自分で「福のある顔」をつくって運気を爆上げできるように、マッサージ感覚で気軽にできる「開運造形美容」というメソッドをつくりました。

顔は粘土細工です。どうにでも変えられます。けっしてあきらめないでください！

開運造形美容で絶望のどん底から人生大逆転！

すでに開運造形美容を学び、実践して、顔の悩みがすべて解消したばかりか、びっくりするほど運気の上がった方がたくさんいらっしゃいます。

たとえば、ある72歳の女性。以前はほおがたれていましたが、いまはきゅっとひきしまり、若々しい印象に変わっています。しかも人生そのものが変わりました。

彼女とは、あるセミナーに参加して知り合いました。ちょうどご主人が突然亡くなってしまった後で、とても暗い表情で話すことも自分の老後のことばかりでした。帰りもご一緒したら、なんと同じ分譲地に住んでいる方だったのです。

それで私のところへ通ってくださるようになり、表情筋を鍛えて開運ラッキーメイクをするようになったら、外見ばかりか、心もみるみる若返ってしまいました。

いまでは、ご自宅を開運ハウスにリフォームして、50代以上の方が集まるコミュニティハウスとして、開運サロンを運営。会員さんがどんどん増え、結婚相談所もつくり、幸せいっぱい。バリバリに活躍されています。

いかがでしょう？　これが表情筋の威力です。

顔は本当に即効性があります。顔が変わると脳が変わり、脳が変わると運が変わります。

これが世界で一番早い開運法です！

いまは、アンチエイジングの技術も進化しているので、「ベッドに寝ている間に専門家に治してもらいたい」と思う人もいますよね。気持ちはわかります。でも、**根本は筋肉です。**

そうした施術だけに頼って筋肉を鍛えないでいると、一時的に若返ってもまた表情筋がゆるんできて、ずっと繰り返すはめになります。

ここでご紹介する開運造形美容は、本を読むだけで、自分ひとりでできます。

お金もかからないし、痛くもありません。

だから、表情筋を鍛えましょう！

70代の方も50代みたいなお顔になります。80歳になってからでも間に合います。

表情筋を鍛えましょう！
顔の筋肉＝表情筋のしくみ

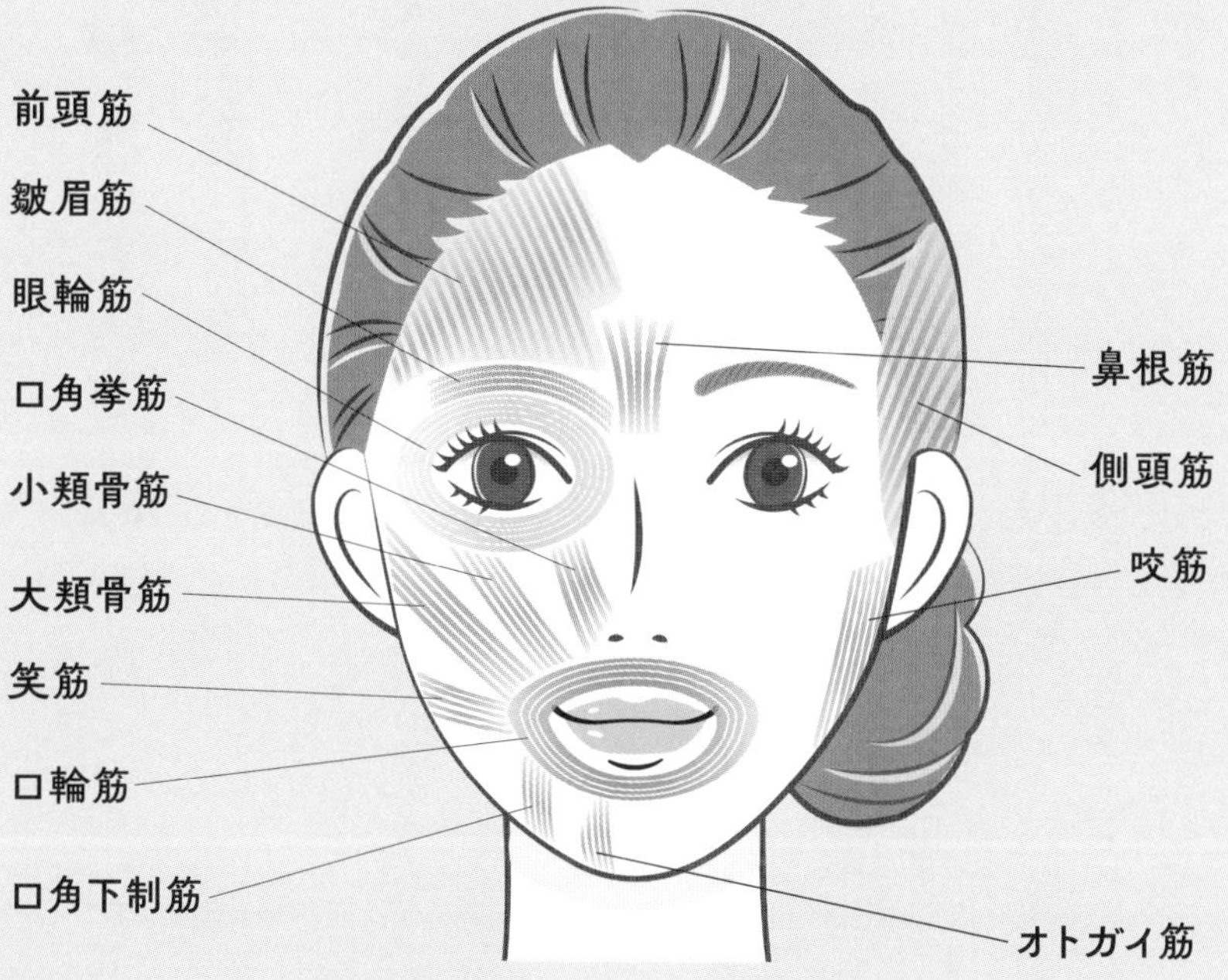

開運造形美容は、表情筋の中でも、ほおの筋肉（大頬骨筋、小頬骨筋）と目のまわりの筋肉（眼輪筋）のたるみを解消することがメインです。
これらの筋肉がきゅっと引き上げられると、若々しく、観相学的にも超開運できる顔になります！

マスク生活が3年以上続いたことで、世界中が老けました

コロナ禍でマスク生活が3年以上続き、みんな老けてしまいました。世界中が老けました。とくに女性で、自分でも「顔が変わった」と感じるという方が増えてきました。

具体的にどこが変わってしまったのでしょうか？

それは笑い方です。笑い方が変わって、表情が乏しくなったと感じている人が多いのです。

マスク生活の間、多くの人の笑い方は「ほほえみ」程度でした。顔の筋力がまったく使われなくなってしまったのです。

実際、私のお弟子さんやお顔鑑定を受けた方にアンケートをお願いすると、「マスクでいろんなことをごまかせてしまったので、表情をつくらなくなった」という問いに、60％以上の人が「はい」と答えました。

目だけで笑い、
口角を上げずに笑うほほえみ

マスク生活の間、多くの人の笑い方は「ほほえみ」程度でした。顔の筋力がまったく使われなくなってしまったのです。
マスクを取ってからも、ほほえむ程度の笑い方や口角を上げずに笑うことに馴れてしまって、大きな口を開けて笑う人がめったにいなくなりました

大爆笑

大開運できるのは、もちろん大爆笑！　大きな口を開けて笑いましょう

顔のたるみが気になるのは、表情筋が衰えたしるし

人間はけっこう怠け者なので、マスクで顔が隠れていると「このくらいの笑顔でいいんだな」と覚えてしまいます。そういう期間が長すぎて、みんな笑い方が変わってしまったのです。

マスクを取ってからも、ほほえむ程度の笑い方や口角を上げずに笑うことに馴れてしまって、大きな口を開けて笑う人がめったにいなくなりました。

このことが、私たちの運を下げる原因になっているのです。

笑顔は私の研究テーマのひとつです。

笑い方は、観相学でもいろいろな笑い方に分類できます。ただ笑えば運が上がるというものでもないのです。

前ページのイラストをご覧ください。

目だけで笑い、口角を上げずに笑うほほえみ、大爆笑とありますが、大開運できるのは、もちろん大爆笑！

大きな口を開けて「あはははっ」という笑い方です。

最近、表情が乏しくなるとともに、顔のたるみが気になっている人もいるはずです。

それは顔の筋肉、表情筋が衰えているしるしです。

体の筋肉と同じで、顔の筋肉もよく使えば柔軟になり、使わなければ固くなります。固くなると重くなるので、下に落ちてしまうわけです。

マスク生活であまり笑わず、表情をつくらなくなった人たちは、表情筋の中でもとくに目のまわりの筋肉（眼輪筋）とほおの筋肉（大頬骨筋《だいきょうこつきん》、小頬骨筋《しょうきょうこつきん》、口輪筋《こうりんきん》、笑筋《しょうきん》）が減ってしまいました。

表情筋は、骨格筋と違って筋肉の片方が皮膚についています。そのためにいろいろな表情をつくれるのですが、その分たるみやすいのです。

大頬骨筋が衰えると、ほうれい線が深くなる

ほおの筋肉が衰えると、張りがなくなってほおが落ち、ほうれい線が深くなります。

ブルドッグラインとゴルゴライン

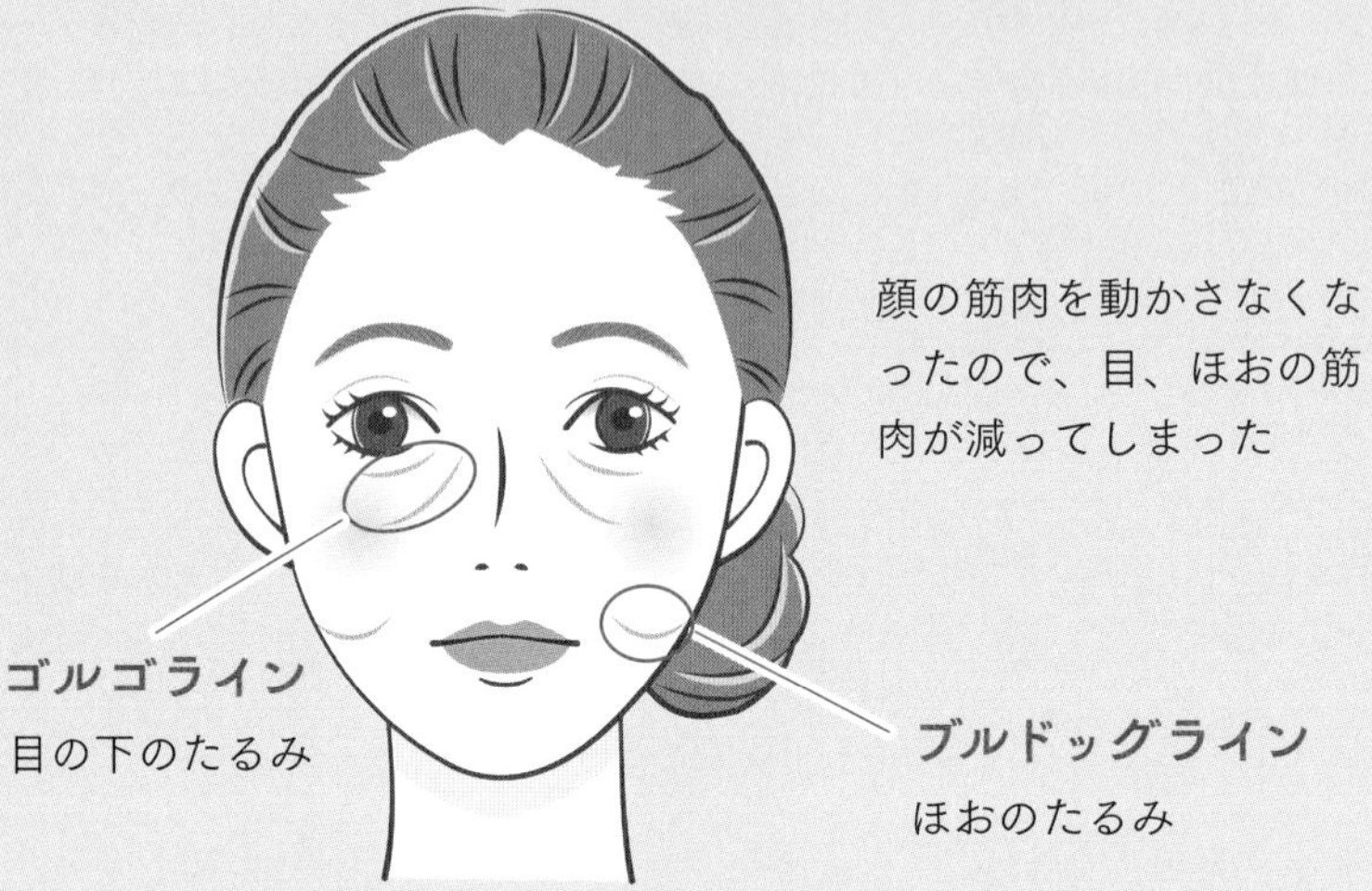

マリオネットライン

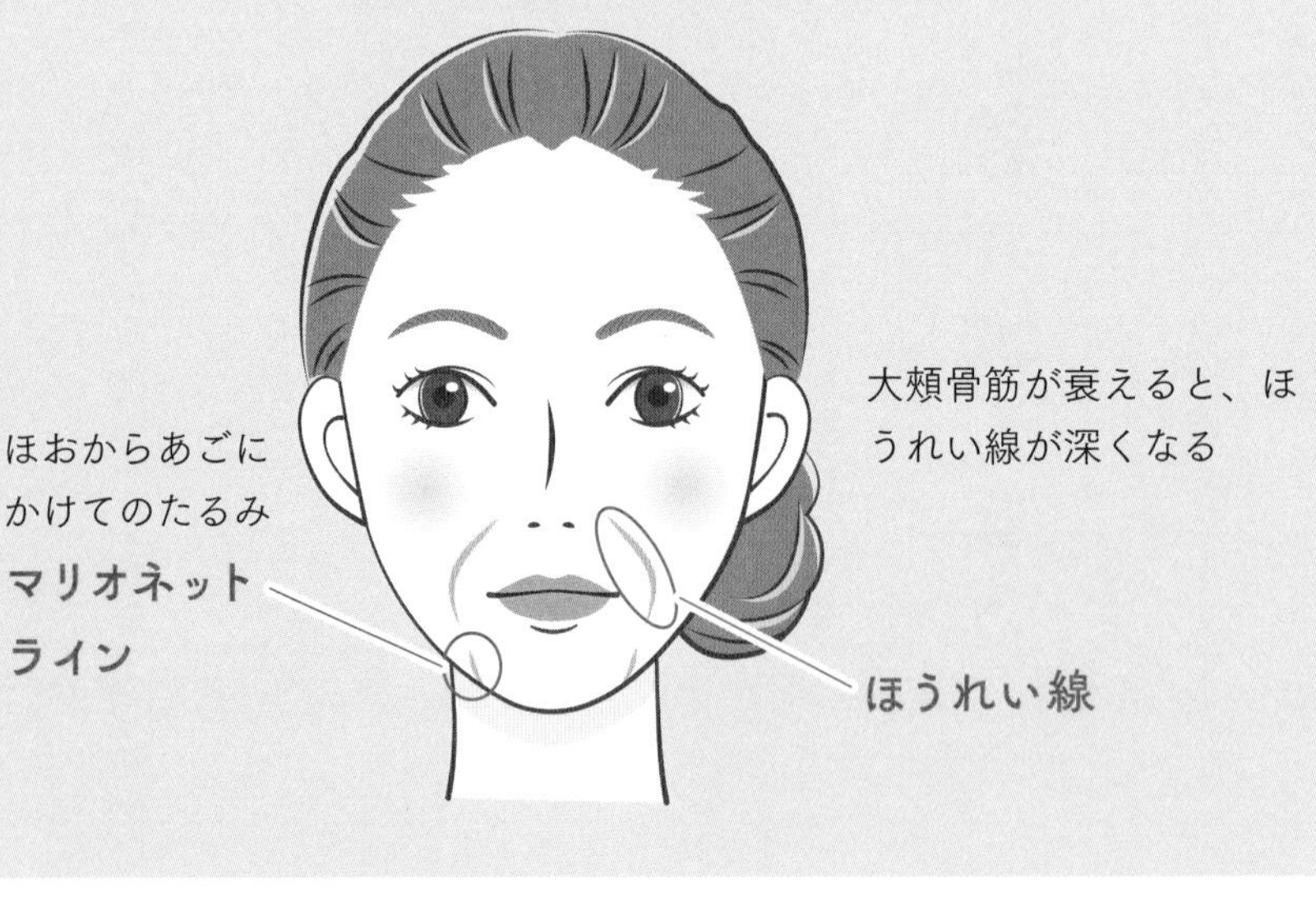

あのいや〜な、ほおがたれてできる「ブルドッグライン」や、ほおのたるみがあごのほうまでつながってできる「マリオネットライン」が出てくるのです。

ほうれい線は、人相学では12宮の中の11番目、奴僕宮《どぼくぐう》にあたります。

奴僕宮は部下運、住居、家庭、晩年運などのエリアで、一番大事なところです。晩年運が落ちるということは、未来運がダダ落ちするということだからです。

その奴撲宮に影ができると、それがカーテンになって、せっかくもっている運も発揮できません。ほおの肉が落ちると、美容上のことだけでなく運も落ちてしまうのです！

笑い方が地味だと、表情筋は鍛えられません。だからいま、世界中の人の運が落ちています。

開運造形美容で表情筋を鍛えましょう！

「私、あちこちの筋肉が落ちている。どうしよう」と思った方も、大丈夫です。

表情筋は何歳からでも鍛えられます。ご一緒に開運造形美容をやっていきましょう！

開運造形美容ではたらきかける部位は、厳密にいうと3種類あります。

「表情筋」「リガメント」「骨の隙間」です。


表情筋は、全部で約30種類以上あります。

開運造形美容は、表情筋の中でも、ほおの筋肉（大頬骨筋、小頬骨筋、口輪筋、笑筋）と目のまわりの筋肉（眼輪筋）のたるみを解消することがメインになっています。

これらの筋肉がきゅっと引き上げられると、若々しく、観相学的にも超開運できる顔になるのです！


リガメントという言葉は、聞きなれない方が多いかもしれませんね。

顔の構造を簡単にいうと、頭蓋骨の上に筋肉があり、その上に脂肪細胞が乗って皮膚になっています。そこをつなぐ貝柱のようなものがリガメントで、靭帯《じんたい》ともいいますが、これが顔にもいっぱいあります。ここをしなやかにすることもたるみの解消に役立つのです。


また、骨の隙間には老廃物がたまりやすいので、これを軽いマッサージで流すのも効果的です。

ただ、いっぺんにご紹介すると、読者のみなさんが「あれもこれもやるのは大変」と感じたり、どこに重点をおくべきか迷ってしまうかもしれません。

そこで今回は、**「表情筋を鍛える開運造形美容」**に絞ってご紹介していきます。

これだけでも抜群の効果があり、しかも簡単にできることばかりです。

開運造形美容は、表情筋を鍛えて、次の3つの部分、いわゆる「3大老けライン」にアプローチしていきます。

- **目の下のゴルゴライン（目の下のたるみ）**
- **ブルドッグライン（ほおのたるみ）**
- **マリネットライン（ほおからあごにかけてのたるみ）**

これらにアプローチすると、相当顔が変わります。10歳から20歳は若くなれます！

それではさっそく、具体的なやり方をご説明しましょう。

ゴルゴライン撃退法

その1

必ずこめかみの横にある側頭筋と、眼輪筋を意識しながら行います。

①ニコッと笑いながら、目を思い切り大きく開けて、10秒数える
②笑顔を保ちながら、目をギュッとつぶって目尻に力を入れ、10秒数える
③これを10回繰り返す

できれば1日10セット行ってください。

何かしながらでもいいし、夜眠る前にギュッと目を閉じるとか、気軽にやるだけでダンベル運動のような効果があります。これでみなさん顔が変わったのです。

私もずっとぼんやりした顔でしたが、いまのほうがクリッとした顔になっています。

その2

①側頭筋をおさえる

②口から下を動かさず、下まぶただけを上げる

これができるようになると、可愛い目になります。

涙袋は女性ホルモン、男性ホルモンのタンクなので、これがあるとすごく魅力的な顔がつくれるのです。

余談ですが、芸能プロダクションの方曰く、芸能人がデビューするとき、売れる決め手は涙袋だそうです。それがあるほうが可愛いので、ヒアルロン酸を入れることもあるそうです。

残念なことに、涙袋は年齢とともにだんだんペタンコになってしまいますが、こんなふうに側頭筋を意識しながら下まぶたを持ち上げると、目の下のたるみが改善されて、ゴルゴラインを撃退できます。

念のためもう一度申し上げますが、ここでいちばん大事なのは**側頭筋を意識することです。たるみが気になる人は側頭筋がゆるんでいるので、ここを上げると、ぐんと若い顔になれるのです！**

ゴルゴライン撃退法 その1

❶ ニコッと笑いながら、目を思い切り大きく開けて、10秒数える

❷ 笑顔を保ちながら、目をギュッとつぶって目尻に力を入れ、10秒数える

こめかみの横にある側頭筋と、眼輪筋を意識しながら行ってください

❸ これを10回繰り返す

ゴルゴライン撃退法 その2

❶ 側頭筋をおさえる

❷ 口から下を動かさず、下まぶただけを上げる

ブルドッグライン撃退法

その1

①マッサージクリームなどをつけ、手のひら全体で口角からグーッと側頭筋まで上に向かってすべらせる
このとき、手根（親指の下のふくらみの部分）を顔にぴったりつけておく

②側頭筋まで上げる
側頭筋を持ち上げながら、目尻がぐっと上がり、ほうれい線がなくなっているのを確認しながら外回りに7回まわす×3回

③頭皮のマッサージをする

その2

①あごを動かさずに世界最強笑顔をつくる（目を大きく開けて、上の歯を出した大笑い）

②ニコーッと笑った状態を10秒キープする

あごが動かないように、手を当ててやっていただいてもいいです。

今日からなさると、びっくりするくらい可愛い顔になります。

大頬骨筋、小頬骨筋が疲れたら、ちゃんと筋肉を使えているしるしです。

この3年、みなさんはこんな笑い方をしなかったので、ほおの筋肉が落ちてしまったのです。

顔でダンベルが持てないなら、笑うしかありません。

簡単ですが、効果を出すにはそれなりのやり方があるわけです。

ブルドッグライン撃退法 その1

❶ マッサージクリームなどをつけ、手のひら全体で口角からグーッと側頭筋まで上に向かってすべらせる。このとき、手根（親指の下のふくらみの部分）を顔にぴったりつけておく

❷ 側頭筋まで上げる
側頭筋を持ち上げながら、目尻がぐっと上がり、ほうれい線がなくなっているのを確認しながら外回りに7回まわす×３回

❸ 頭皮のマッサージをする

ブルドッグライン撃退法 その2

❶ あごを動かさずに世界最強笑顔をつくる（目を大きく開けて、上の歯を出した大笑い）
❷ ニコーッと笑った状態を10秒キープする

マリオネットライン撃退法

①舌を口の中で大きく回す

舌先をとがらせて、強く内側から押しながら、右回り、左回り交互に動かします。

舌筋《ぜっきん》、つまり舌の先のほうを鍛えることが大事なのです。年を取って滑舌が悪くなるのは、あまりしゃべらないせい。でも、これをやっていれば衰えた舌筋もよみがえります。

②人差し指と中指でカニの指を作り、あごをはさんでぐっと引き上げる

③耳をひっぱりながら、ぐるぐる回す

私は耳つぼの講師の資格ももっているので、その要素も入れました。

耳には顔と体のツボが集中していて、とくに耳たぶは美容のツボでいっぱいです。

細かいことは意識せず、耳たぶをひっぱりながら回すだけでＯＫです。

マリオネットライン撃退法

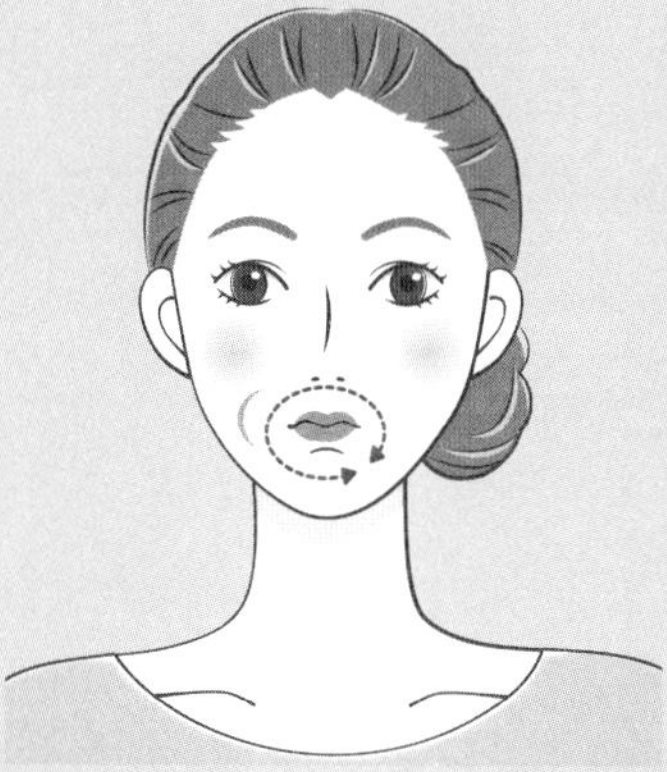

❶ 舌を口の中で大きく回します。舌先をとがらせて、強く内側から押しながら、右回り、左回り交互に動かす

❷ 人差し指と中指でカニの指を作り、あごをはさんでぐっと引き上げる

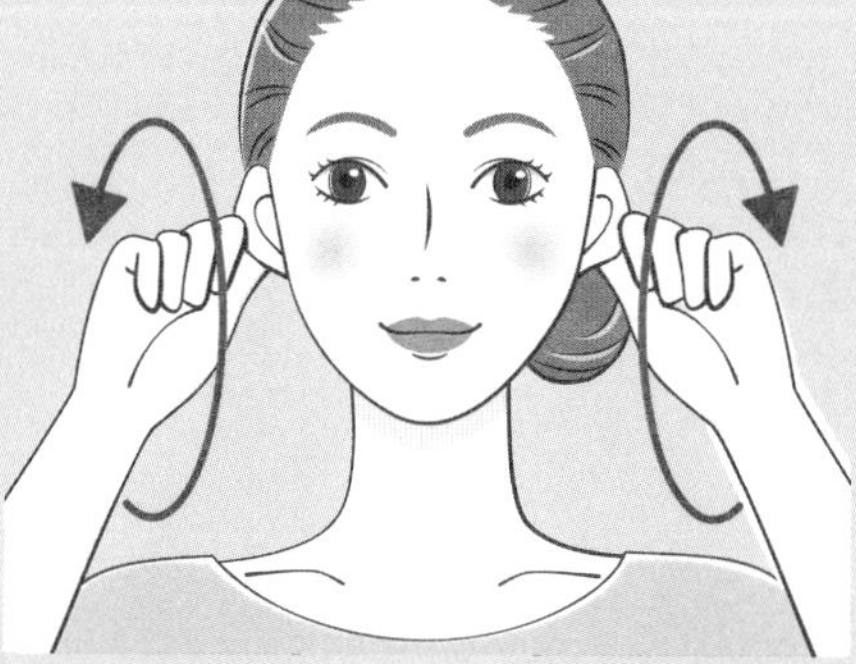

❸ 耳をひっぱりながら、ぐるぐる回す

Part 4

あなたに奇跡が起きる！
金運爆上げ億女メイク

メイクは運磨き！

「金運爆上げ顔」を完成させる最後のパート、それがメイクです。

まず、開運するために、メイクがどれほど重要かというお話をします。

家相学の先生がおっしゃるには、「福の神も貧乏神も本当にいる」とのことです。

でも、せっかく福の神が入ってきても、そこにノーメイクでパサパサのお肌、身なりのだらしない女性がいると、「失礼しました」と帰ってしまうのです。


家相・家運を上げるには、私たち女性の存在がすごく大事です。

それはひとり暮らしの方でも同じです。

家運が上がれば、福の神が家に住んでくれます。それには私たちの顔を整えておくことです。


いまは「家にいるならすっぴんでパジャマでいいや」とか、「人と会うときだけ、仕事のときだけメイクする」という人も多いですね。コロナで家にこもる時間が増え、みんなますますメイクから遠ざかってしまいました。

でも、声を大にして言いたいのです。メイクは他人のためにするのではありません。

自分のためにメイクしましょう！

自分の運のために、福の神様と一緒に暮らして家運を上げるためにメイクしましょう！

メイクは運磨きです。

磨くほど運がよくなります。

私の開運ラッキーメイクは、観相学、人相学を研究して開発したもの。運気を高めるポイントをすべておさえたメイクになっています。

影を入れない、光をたくさんまとうメイクで、美容を目的としたメイクとはまったく違います。そこが基本であり、大きなポイントなのです。

あるとき、4年間ウツだったという女優さんが、私のお顔鑑定にいらっしゃいました。

彼女が言うには、4年間メイクも洗顔もできず、ずっと部屋にこもって貯金を切り崩して生活していたそうです。ところが、ふと私の本を買って4年ぶりにメイクをしてみようと思って実際にしてみたら、いきなりパチッとスイッチが入ったというのです。

「私もう大丈夫、仕事します！」と、それを伝えたくてわざわざ会いに来てくれたのです。

また、こんな例もあります。私の講座に出た方で、まだ1度も結婚したことがなく、最近は結婚も考えているけれど、まだ男性と付き合ったこともない女性がいました。年齢は64歳です。いらしたときはノーメイクで、もう少し女性らしさをプラスしないと！　と、私の指導にも熱が入りました。

すると、その方から1週間後にラインが来て、なんと「プロポーズされました」というのです。「ちょっと待って！」と。

「付き合っている人も誰もいなかったのに、なぜすぐにプロポーズ？」と聞いたら、「木村先生のアドバイス通りにメイクして、次の日に経営者の会合に行ったら、5歳下の独身の男性と出会って気が合いました。1週間後にデートしたときに、いきなりプロポーズされました」とのこと。

まさかが起きる。奇跡が起きる！

呪文を唱えるよりも、**顔を変えるのが一番早い行動です。運がやってくるわけです。**

愛情運のあるメイクをすると、鏡を見て「私、可愛い」とか「きれい」とか、いままで出なかったワードが出てきます。脳がそうなるから、その運を宇宙が運んできてくれるのです。

私はそう確信しています。

長年このお仕事をしていて、みなさんがどんどん幸せになっているので、私は嬉しくて何度泣いたかわかりません。私が思っている以上のことが起きているのです。


このような奇跡のような話がいっぱいあるのが「開運ラッキーメイク」です！

この本では、その中でも「金運爆上げ億女メイク」に重点を置いてご紹介していきます。

なぜベースメイクをするのか？

金運爆上げ億女メイクには、必ずベースメイクが必要です。

なぜなら、肌のくすみを消すためです。


大半の人が、スキンケアの後、パンパンとパフではたくだけの簡単なファンデーションを使っていますよね。

でも、それでは貧乏神が来ます。どうしても1日のうちで肌がくすむからです。

肌がくすんでトーンダウンしたり、ブラウンぽい色が加わると、あらゆる運気がよどみます。

顔に影をつくることになるからです。

そうならないためにも、簡単にファンデーションから入らず、必ずベースカラーをつけて、全体の肌色を明るくしましょう。

そうすれば、影もできず、午後から夜にかけて出てくるくすみも防げます。

ベースカラーの色選びは、市販のものならグリーンがいちばんおすすめです。

グリーンは肌色の赤み、くすみ、色ムラなどのトラブルを見えなくしてくれます。色を均一にしてくれる修正液のようなはたらきがあるのです。

皮膚は、年齢とともに薄くなっていきます。

それには刺激の強い化粧品の影響もあります。

そうすると毛細血管が浮き出てくるので、その赤みで肌にムラができます。シミや、目の下の黒ずみなども出てきます。それらを消し込んでくれるのが、ベースの役目です。

まずはベースで自分の肌のイマイチな色味を整えて、その上にファンデーションをのせると、くすみのないきれいな肌色になります。

大開運は保湿にあります！

ファンデーション選びのポイントは、肌を乾燥させないものを選ぶことです。

メイクには、「マット化粧」と「つや化粧」の2通りがあります。

たとえば夜のお仕事ならマット化粧が向いています。夜の照明の下で陶器のように見えるメイクです。テカテカの顔は元気に見え過ぎて、そういう場所にはそぐわないのです。

でも、「運」を考えたら、「ピカらせる！　つやメイク」の一択です。マットなパウダー系よりも、リキッドタイプなどの保湿力の高いファンデーションがおすすめです。

そして、金運爆上げを狙うなら、地肌よりもワントーン明るめの色を選びましょう。

つやがあり、さわるとしっとりしているのが開運肌です。粉っぽくならない、乾燥させないこと。マット化粧では、福の神様に見つけてもらえる速度が遅くなります。

前にも言いましたが、「趣味は何？」と聞かれたとき、私は「保湿です」と答えます。

これは運のためです。**大開運は保湿にあります！**

かつての私はずっとアトピーでカサカサの乾燥肌で悩んでいたので、運が落ちていました。あまり楽しくなかったし、思い通りになりませんでした。

でも、観相学と出会い、だんだん顔のことがわかって自信がもてるようになると、脳が変わったおかげで肌も変わってきました。お医者さんに「治らない」と言われ、悩みの種だった黒皮症も、ついに35歳で完治したのです。黒いガサガサな肌とはお別れです。

健康的な素肌を手に入れて、ますます顔磨きに励むと、運気も爆上がりしました。

素晴らしい方々との出会いも増え、開運ラッキーメイクの仕事で一本立ち。「億女への道のり」の節でも書いたように、40代で、自力で億の資産を手にすることができました。

そして60代になったいま、「いまがいちばん楽しい」と思える幸せいっぱいな毎日を過ごし、未来にワクワクしています。

「やっぱりツヤだ！」と確信して、保湿とこまめな化粧直しを心がける毎日なのです。

金運爆上げ億女・億男メイクに欠かせないチーク

金運爆上げには、チークも欠かせません。
チークは必ず入れてください。

女性はもちろん、男性にもおすすめです。金運爆上げ億女メイクでは、チークは「ほお紅」としての使い方以外に、眉やあごなど、ほかの金運エリアにも活用することができます。

チークの色は、断然ピンクがおすすめ。グレーやベージュが混ざったピンクでなく、明るくクリアな色のピンクがベストです。

チークは、①ほおの高いところ、②目尻、目の下からこめかみ、③頬骨の下、④あご　の順番で入れていきます。

チークをブラシにとったら、まず、ほおの一番高いところ、笑うと盛り上がる部分に入れます。余った分は、目じりの横のくぼみや、目の下からこめかみに向けて斜めに入れます。

さらに余ったチークは頬骨の下と、最後にあごにも入れます。

次に、チークを入れる各パーツと金運の関係について、よりくわしく説明していきましょう。

ほお

ほおの一番高いところは、人相学では「輔弼《ほひつ》」といって、ここが高いと「人気運が上がる」と言われています。

輔弼が低くなってしまうのは、笑いが足りないからです。笑っていると高い位置をキープできますが、笑わないとやせてくるのです。頬骨の下も、年齢とともにだんだんこけてきます。

ほおがやせると老け顔の原因になるだけでなく、運気も落ちてしまいます。

でも、ほおがやせてしまった人もあきらめる必要はありません。

チークを入れれば福相に変わり、運気が上がります！

そして、大笑いする習慣をつければ、ほおは高くなります。開運造形美容も併せて実践すると、もっと効果的です。

ふっくらとほおが高く、ふわっとピンクが入って丸い光の玉ができた顔は、世界最強の人気顔になります。

いくつになっても人気が衰えず、60代、70代、80代になってもまわりに大切にされます。

いまは年齢を重ねても仕事をする人が多いですが、**仕事での金運爆上げには人気運が必要です。**人気運を握っているのは、実はチークの入れ方なのです。

こめかみ

こめかみは、観相学では「妻妾宮《さいしょうぐう》」といい、結婚運などとも関係しますが、金運にも大きく影響します。こめかみがくぼんで影ができると、金運や仕事運まで落ち込んでしまうのです。

こめかみも、年齢とともにやせてくる傾向がありますが、これもチークでカバーできます。明るいピンクのチークを入れると影が消え、金運アップにつながります。

量的には、ほおにつけて余った分ぐらいでじゅうぶんです。

金運爆上げチークの入れ方

❶
チークをブラシに取り、
頬骨の一番高いところ
（笑うと盛り上がる部分）
に、チークを入れる

❷
①で余ったチークを、頬骨の少し上、目尻の横のくぼみや、目の下からこめかみに向けて斜め上にブラシを滑らせるようにして入れる

❸
②で余ったチークを、頬骨の下に入れる。さらに余っていたら、あごにもチークを入れると運気アップ！

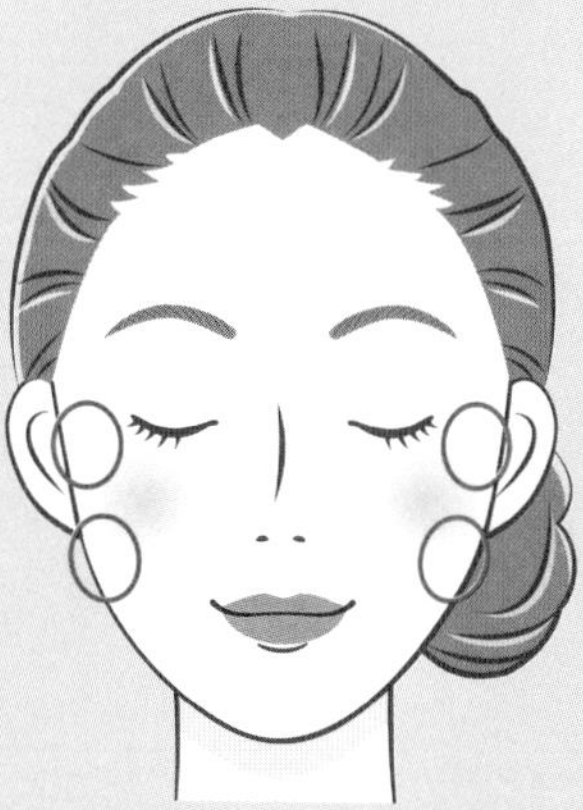

★金運爆上げチークのポイント

頬骨の上と下は、骨格の関係上、くぼみができやすい場所です。

くぼみがあると影ができ、せっかくの運の勢いを停滞させてしまうことにつながります。

影ができやすい部分にピンクのチークを入れることで、影が消え、顔の印象がふんわりと柔らかく、ふくよかになります。

頬骨の頂点に入れたチークとも自然なグラデーションでつながるので、ほおのチークが悪目立ちせず、ナチュラルな仕上がりになります。これが金運爆上げ億女メイクです

頬骨の下、あご

頬骨の下とあごは、その人の晩年運を左右する重要な場所です。

観相学では、顔を上・中・下に3分割し、人生を通しての運勢を見る「人相の三停」という顔の見方があります（次ページ参照）。


髪の生え際から眉にかけての上停は0歳から29歳まで。

顔の中心エリアにあたる中停は30歳から54歳まで。

頬骨の下からあごにかけての下停は、55歳以降の運勢を表します。


目、鼻、耳という大事なパーツがある中停は、人生の頑張り時を示しています。

ここの状態が、社会に自分を押し出す力や仕事運を左右します。


そして下停は、老後を豊かに暮らせるかどうか、また、その人の人望が見て取れる場所です。

55歳から豊かに幸せに暮らせたら、すばらしいですよね！

晩年よければすべてよし！　晩年運イコール未来運です。


ですから、金運爆上げ億女メイクでは、頬骨の下とあごの先にもピンクのチークを入れます。

一生涯の運気を左右するポイント！

「人相の三停《さんてい》」

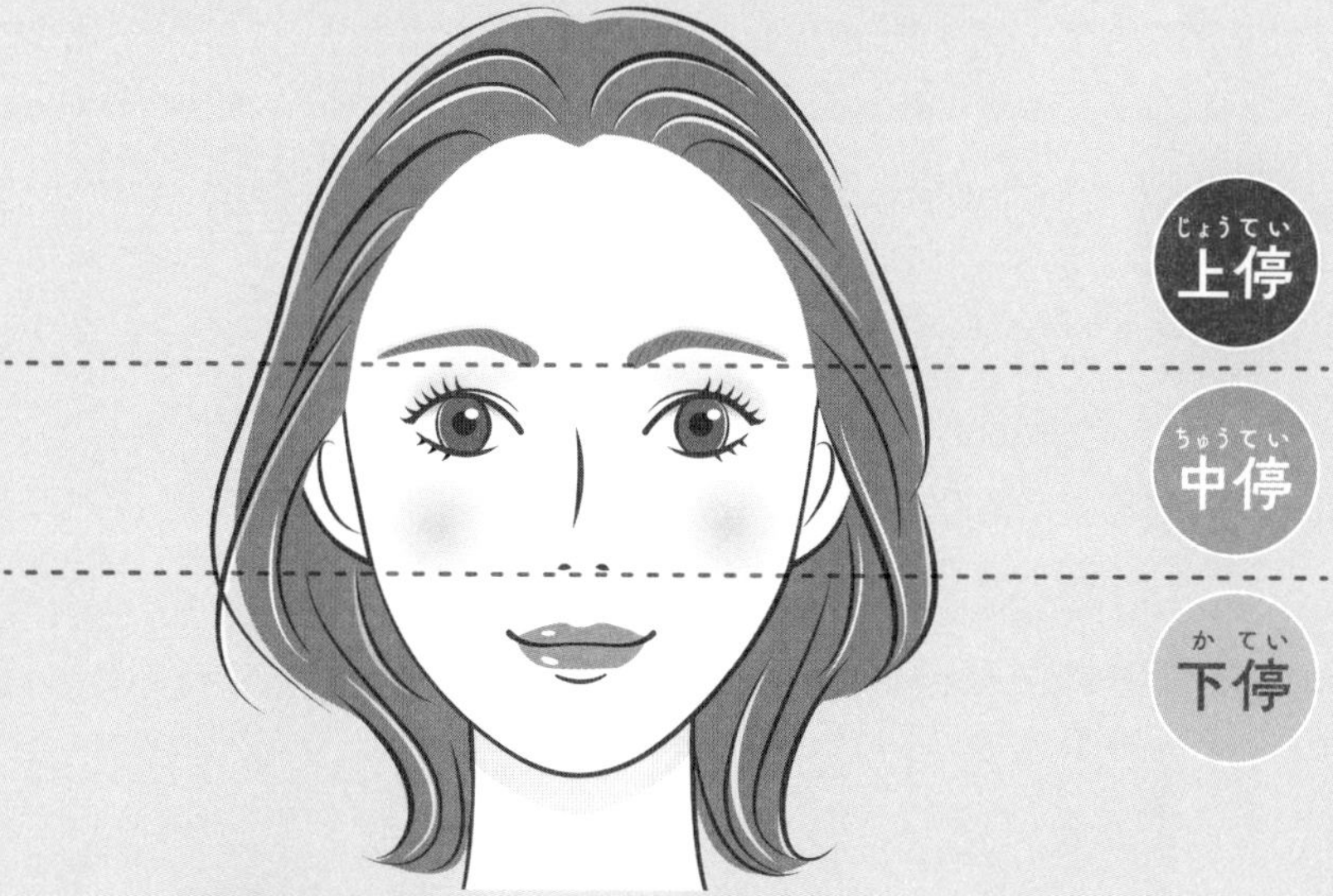

上停（初年運） 0~29歳までの運が表れる。一生の運・不運。天から恩恵を受ける場所

中停（中年運） 30～54歳までの運が表れる。社会に自分を押し出す力。仕事運、社会運、健康運など人生を左右する大事な運が表れる

下停（晩年運） 55歳からの運が表れる。穏やかで幸せな老後。その人の人望が見て取れる場所

ピンクのフェイスパウダーをふんわりのせてもかまいません。

こうすることで下停に影がなくなって明るくなり、豊かな晩年に導かれるのです。

観相学的美人はお多福さん

観相学の美人は、一言でいうとお多福さんです。

よく「福々しい」と言いますが、小太りぐらいの人のほうが幸せそうに見えますよね。

大黒天様や恵比寿様など、福の神様はみんなたっぷりしたあごです。ヨーロッパの美術品などを見ても、女性のほおからあごはたっぷり描かれていますね。

金運爆上げのためには、ほおは明るいピンク色で血色がよく、ぷっくり肉付きがよいことが大事。頬骨の下は影やくすみがないことが大事です。

でも、太れなくてほおに肉がついていない人もいますよね。

でも大丈夫！　**ピンクのチークを塗れば運気が来ます。**「太れないから、ほおがこけているからダメ」ではありません。眉は描けばいいし、ほおは塗ればいいのです。

これは本当のことです。顔も運気もメイクでどうとでも変わるので、安心してくださいね！

つけぼくろは、金運爆上げポイントです！

もうひとつ、金運爆上げを加速させるワザをご紹介します。

それは、つけぼくろです。


ほくろをつけるおすすめの場所は、目尻とあご。

方法は簡単です。落ちにくい「ウォータープルーフ」のラベルがついたアイライナーを使って、ほくろを描くだけです。


目尻の左にほくろをつけると、人気運が高まります。人間関係全般、恋愛運やパートナー運も上がります。目尻の右につけると、仕事運、金運が上がります。

どちらの場合も、目尻から１㎝ほどの場所につけましょう。


私のまわりは、左右どちらにもつけている欲張りな人が多いです。

もちろん両方に描いて大丈夫です！

目尻にほくろを描けば、金運爆上げが加速する！

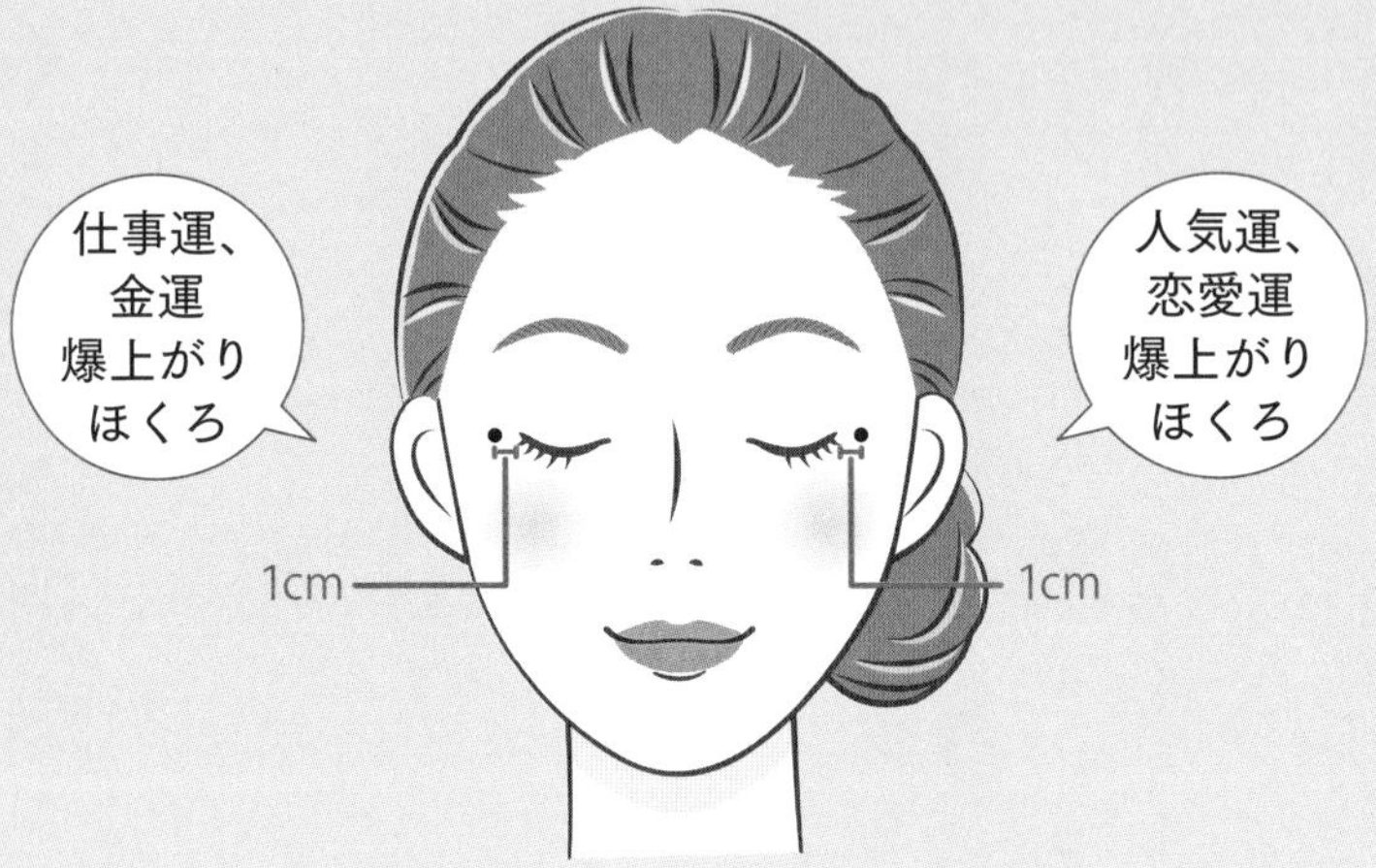

あごのほくろも金運爆上げポイントです！

あごにあるほくろは「晩年安泰ぼくろ」といって、金運に恵まれ、しっかりと経済的に安定した晩年をもたらします。

ほくろを描く場所は、あごの真ん中でもいいし、左右どちらかでもかまいません。たくさん描くとおかしいので、ひとつでじゅうぶんです。

実は私も、左あごに元々ほくろがあります。でも、色が薄いのでペンシルで色を足しています。こうすると、黒くツヤがあり、はっきりとした「活きぼくろ」にできるのです。

描いたほくろは、1日の途中で消えるこ

ほおとあごの金運爆上げチェックポイント

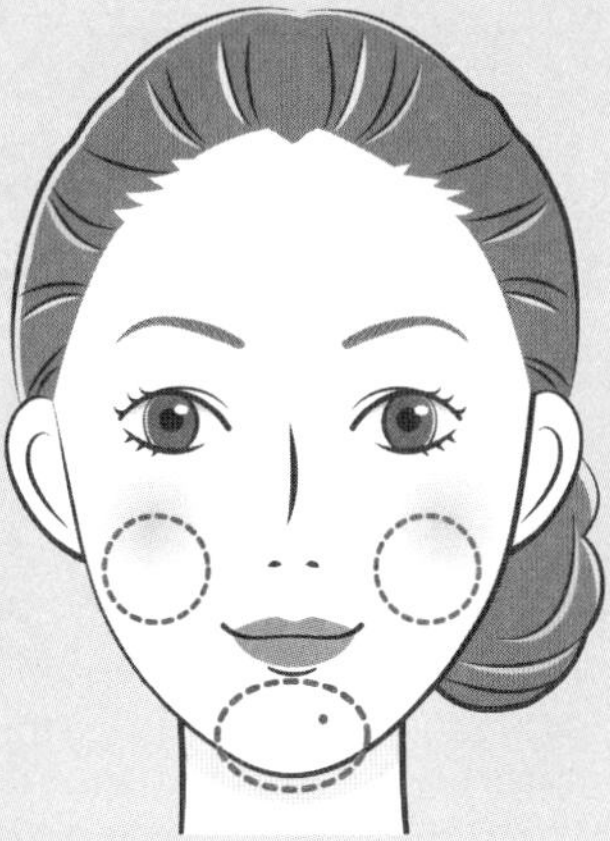

★「ほおの下に影がある」と思う人は、ピンクを塗って影を消す！　これで金運爆上げ億女顔に磨きがかかります！

★あごのほくろは金運の印！　ここにほくろがある人は、ほくろがはっきりするように、ない人はほくろをペンシルなどで描き足して、さらなる金運をつかみましょう！

ともあるかもしれません。でも大丈夫！
気づいたら、また描けばいいのです。
描けば本当に運気が上がります！
そして不思議なことに、描くと、それが本当にほくろになることもあるのです。

耳にピンクのチークを入れれば、どんな耳でも福耳に！

人相学では、耳たぶは「垂珠《すいじゅ》」とも呼ばれ、人格を表します。

よく「福耳は金運に恵まれる」と言いますが、実は人格の場所なのです。

耳たぶが肉厚でたっぷりしている人は、周囲の人を大切にする人格者です。

そうすると、人気が衰えないので長く仕事ができて、金運も安泰というわけです。

耳が肉薄な人や、耳たぶが小さい人も心配はいりません。

ピンクのチークを入れれば、どんな耳でも福耳と同じになって開運できます！

そして、耳は隠さず、スッキリと出したほうがいいです。髪をかぶせるとカーテンを閉じたようになって、運気が停滞してしまうからです。

ピアスは、おすすめしません。運を守るならイヤリングのほうがおすすめです。耳たぶのピアスは、人格に穴を開けることになってしまいます。

鼻のピアスはもっとNG。鼻頭は金運を表し、お金が入って回るところです。小鼻は財運なので、蓄財の場所です。そこに穴を開けたら、お金が貯まらなくなります。

すでにピアスを開けている人は、せめて、つけっぱなしにするのをやめてみましょう。おやすみのときにはずして、耳たぶに「ありがとう」と声をかけて可愛がってあげてくださいね。

アイカラーはほしい運に応じて色を選ぶ！

美容の世界では、まぶたにアイシャドーで影をつけるのが常識です。茶系の色やブロンズ色を使ったメイクは、たしかに彫りが深く見えてカッコイイのです。

でも、金運爆上げを望むなら、その常識は忘れてください。

眉と眼の間は、観相学でいう田宅宮。「不動産運、愛情運、人気運、家族運」という大事な運をにぎっています。ですから、そこに「影はつけない」のが開運ラッキーメイクの鉄則なのです。

眉を描くときも、美容のためのメイクでは眉の下側を描き足しますが、金運爆上げ億女メイクでは眉の上側を描き足します。これも、大事な田宅宮を広くしておくためです。

こんなふうに、美容を目的としたメイクと開運を目的としたメイクは、かなりかけ離れていることを覚えておいてください。

それでは、金運を爆上げするアイカラーのつけ方をお伝えします。

まず、まぶた全体に白やベージュや明るいゴールドを塗ります。

次に、ポイントメイクとして、まぶたの長さの3分の1ぐらい、目尻寄りに濃い目の色のアイカラーをのせます。

ブルーやグリーンは仕事運アップの色です。ゴールドやイエローは金運、ピンクは愛情運を高めます。ほしい運に応じて色を選びましょう。

仕事やデートで色を使い分けるのもいいですね。

これはトレンドも意識して考案したメイクです。まぶた全体にはっきりした色をのせると、

金運爆上げアイカラーの入れ方

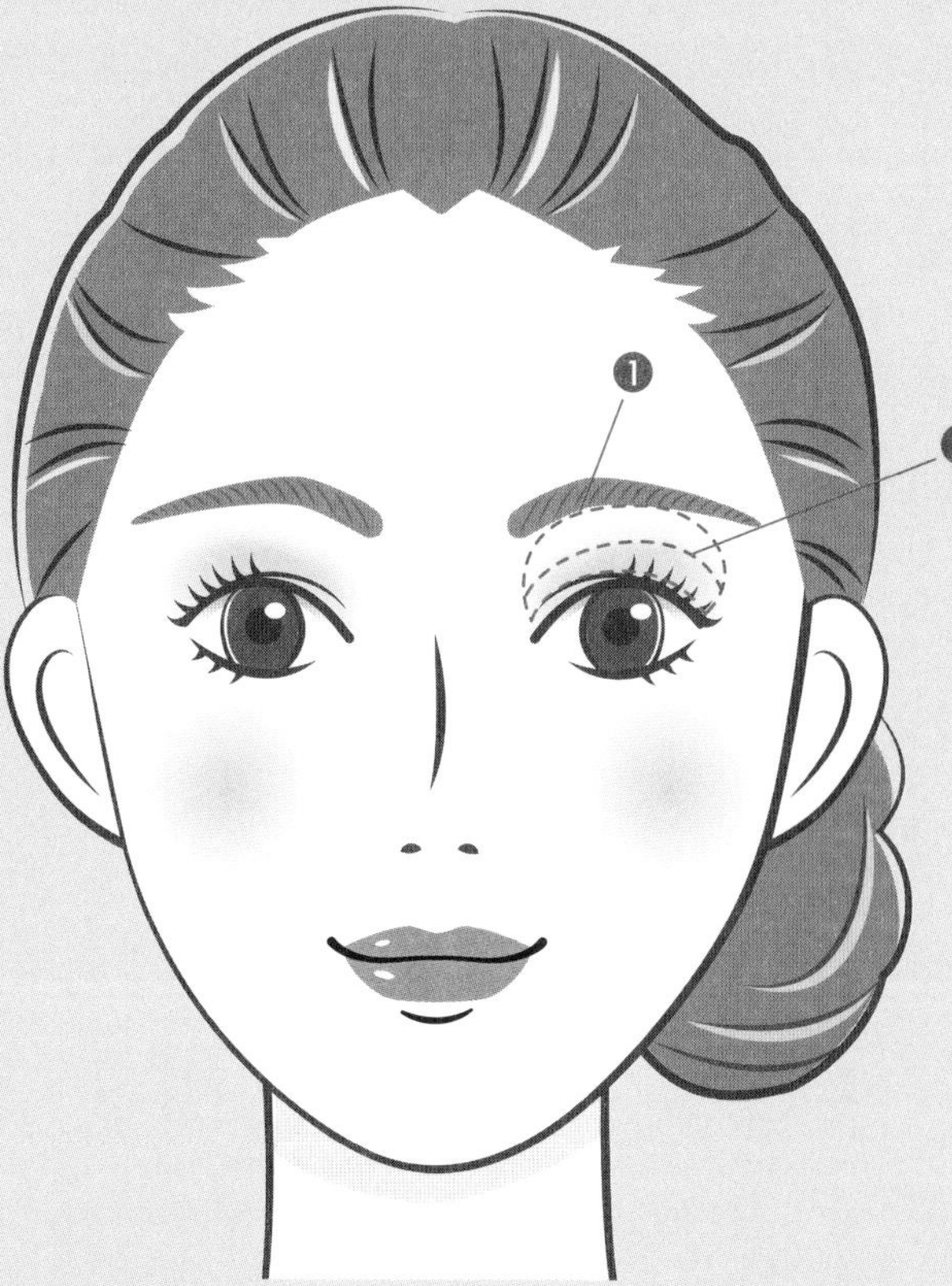

❶ まぶた全体に白やベージュや明るいゴールドを塗る

❷ まぶたの長さの3分の1ぐらい、目尻寄りに濃い目の色のアイカラーをのせる

昭和な感じになりますが、このアイメイクならちゃんと今どきの顔になります。

アイラインは魔除け

たびたびお話ししていますが、**開運には目力も大事な要素です。**
たとえば、闘犬は、お互いの目を見た瞬間に勝ち負けが決まるのだそうです。目力が勝負なのです。これは人間にも言えると思います。目力のある人は勢いがあります。

目力をつけるには、金運眉だけでもじゅうぶんですが、アイラインを入れるとさらに強くなります。しかも、魔除け効果があります。

古代エジプトや古代ギリシャの絵や彫像を見ると、目のまわりを黒く縁取る化粧がほどこされていますよね。これには、太陽の日差しや害虫から目を守るだけでなく、邪気や魔物が入ってこないようにする意味もあったのです。

アイラインは入れ方が難しいとか、落とすのが面倒といった理由で使わない方もいると思い

金運爆上げアイラインの描き方

上まぶたの目頭から目の中央に向かって、まつ毛の間を埋めるようにラインを描く。目尻まで来たら、少しだけ跳ね上げるように描く。上向きの線には上昇運がある！

ますが、年齢を問わず、できるだけ使っていただきたいです。

色は黒でOKです。金運には黒か、もしくはこげ茶がいいのです。ペンシルでもリキッドでもお好みで選んでください。初心者の方は、ペンシルが使いやすいかもしれません。

もっともっと金運爆上げしたい場合は、目尻をちょっと跳ね上げるように描きましょう。上向きの線には上昇運があるのです。

化粧は元々、神様が教えてくださったのでしょう。女性には、昔から、これも魔除けになる紅花で唇を赤くそめる習慣もありました。化粧は、私たちを魔から守る邪気抜きメソッドでもあるのです。

人が大勢集まった場所に行くときも、いっ

ぱい邪気があるので、ちゃんとメイクして目力をつけておくと違います。もちろんおでこやほおをピカらせる！　ことも忘れずに。

神社に行くときなども、かまわない格好はダメ。ピカピカにメイクしてきちんとおしゃれして行くと、神様がよいご縁をくださるのです。

とくに私たち女性は、暗いものが来られないくらいに、女神様や観音様みたいに顔をピカピカに磨き、家族を、男性たちを、世の中を照らす存在でありたいものです。

マスカラでまつ毛も上向きに！

金運爆上げ億女メイクでは、まつ毛も重要です。

アイラインと同じく、**マスカラでまつ毛も上向きに上げると、金運が上がります。**

マスカラの前には、ビューラーでまつ毛をはさみ、上向きにクセづけするとやりやすくなります。そして、マスカラでまつ毛を持ち上げながら、羽根を広げたクジャクのように、放射状にマスカラをつけていきます。

金運爆上げマスカラのつけ方

しっかりまつ毛が上を向くようにマスカラをつける。このとき、羽を広げたクジャクのように放射状にマスカラをつけるのがポイント。上昇運が高まり、金運アップにはずみがつく！

つけまつ毛や、まつ毛パーマを使って上向きのまつ毛を手に入れたい！　という人は、それもOKです。

上を向いた華やかなまつ毛は、女性としての魅力が増すとともに上昇運が高まり、金運アップにはずみがつくのです。

金運爆上げに理想的な唇を

リップメイクも眉と同様、自分で簡単に好きな形をつくれます。

ここでは、金運爆上げに理想的な形につくっていきます。

いちばんのポイントは、**下唇のラインを、**

船底のように直線的に描くことです。こうすると金運が抜群に安定します。

これは観相学では「四字口《よつじぐち》」といって、大富裕層の相。金運、財運、お金の安定感、名家の出身、晩年安泰、地位、聡明さ、明るい家庭などを表す、素晴らしい口です。

とくに、**たっぷりめに描いた、やや厚めの四字口が理想です。**

描き方は、リップブラシに口紅を取り、輪郭を描いてから中を塗りつぶします。元の唇の厚さや形がだいぶ違う場合は、リップライナーを使ってしっかり描くとよいでしょう。

口紅は明るくきれいなピンク系がおすすめ。リップグロスやピンク色のリップクリームでもかまいません。ラメ入りでないものがいいです。

リップライナーの色は、赤、ピンク、オレンジ系、何色でもＯＫ。口紅と同じく、明るくてきれいな色を使いましょう。暗い色はいけません。くすみ系のピンクもＮＧです。

いまは唇の輪郭をはっきり描かないメイクが主流ですが、**この金運爆上げ口は、流行の唇よりもお金持ちになれます。**

この唇を描いて鏡で見ると、お金持ちっぽい顔になるので、「あ、私お金持ち」と本当に思いますよ。たとえお財布にお金が千円しかなくても、そう思えるのです。

金運爆上げ唇のつくり方

たっぷりめに描いた、
やや厚めの四《よつ》字《じ》口《ぐち》が
理想！

❶ 唇の乾燥を防いで保護するために、リップクリームを塗っておく。リップブラシ（紅筆）で唇の輪郭を描く。上唇は本来の輪郭よりもややアウトカーブに描く。上唇の山はとがらせ過ぎず、自然なカーブにする

❷ 下唇の中央は船底のように平らにラインを引き、口角に向けて自然なカーブを描くように輪郭をとる。上下の輪郭を描いたら口を開けて、上下のラインをつなげるように口角にも口紅を塗る。輪郭線の内側にも口紅を塗る。口紅を塗るとき、輪郭線の境目をぼかすようにする。最後に筆の先を使って唇の縦ジワを埋めるようにして塗ると、きれいに仕上がる

しかも、人が自分を見たときにも、「この人は豊かな人なんだな、お金がいっぱいある人なんだな」と思われます。そうすると同じような人が寄って来て、その人たちの運をもらえるので、どんどん豊かになっていくのです。

◆口をとがらせると運が遠ざかる！

NGな唇についてもお話ししておきましょう。

唇に縦ジワが多いと、嘘、孤独、苦労、薄情といった相になり、晩年運が悪くなります。縦ジワができるのを防ぐには、家にいるときもリップクリームなどで保湿をすることです。これは男性も心がけてください。乾燥して唇の皮がピリピリむけるなんて、もってのほかです。

あと、口をとがらせるとシワができやすいので気をつけましょう。

とがった口は、不平不満や悪口を言うときの口です。神経質、気難しい、自信がない、孤独、自分の主張を押しつけるといった性格も表します。

顔と脳はつながっているので、もし1週間口をとがらせて暮らしたら、絶対に脳が変わってしまいます。神経質になったり、会話でも「だって」とか「でも」とかの言葉がすぐに出て、人間関係や親子関係にもよくない影響が出てしまうでしょう。

唇は本来、愛情のシンボルです。とがらせず、シワをつくらず、たっぷりツヤツヤの金運爆上げ口で大笑いしていれば、愛情運、人気運、仕事運もどんどん高まり、一生お金に困らない強運が手に入りますよ。

ファッションよりも髪のツヤ

顔のメイクについて一通りお話しできたので、最後にもうひとつ大事なことを。

この本を読んでくださっている皆様、もちろん開運は大好きですよね。

でも、インテリアとか掃除や片づけとか、外側のことに意識が向いている方が多いようです。それらも確かに大事ですが、一番大事なのは、やはり自分自身です。

もっと自分自身に目を向けて、自分を愛して、自分の開運をしませんか？

それには洋服などファッションも大事ですが、もっともっと注目していただきたいのが**髪のツヤです。顔だけでなく髪もきれいにピカッていると、運気はぐんぐん上がります。**

ご存じでしょうか。女優さんなど芸能人は、50代60代になるとどうしても髪にツヤがなくなるので、カツラを使う方が多いそうです。それも20〜25万円ぐらいの高級カツラです。

私も、研究のために同じくらいの値段で「マイカツラ」を作って使ってみました。そうしたら、高いカツラはやっぱり違います。地毛よりもツヤツヤになって若く見えるのです。

顔だけでなく、髪のツヤがいかに大事か、あらためてわかりました。

若返ってピカピカ、ツヤツヤの自分が鏡の中にいたら、脳が「私はまだまだ大丈夫！」と思います。脳がそう思うから、良い運を引っ張ってこられるのです。

髪のツヤのためには、シャンプーやトリートメントは髪や地肌に優しい良質なものを選び、ヘアオイルなども使うと、いい感じで髪がピカリます。ヘアオイルはつけすぎないこと。ベッタリした感じにならないように、指先に少しだけつけて、自然になじませましょう。

女性は45歳以上になると、だんだん鏡を見る回数も減ってきます。見てもガッカリして脳がダウンしてしまいます。本当は60歳ぐらいから人生が楽しくなるのに、それではあまりにもったいないです。

顔は自分の一番大事なところ。「まだまだいける！」と思える自分になるために、顔をふちどる髪も、顔と同じくらい大事にしていただきたいのです。

In the Pink で絶好調！

金運爆上げには、色使いも重要です。

金運眉は、仕上げにピンク色のチークをふわっとのせます。

金運爆上げ億女メイクでは、アイカラーの選択肢のひとつとして、そして、ほおやこめかみなどに入れるチークも、口紅も、すべてピンク色をおすすめしています。

ピンク、ピンク、ピンク。なぜそこまでピンクにこだわるかというと、**ピンクが「安心をもたらす色」であり、「幸せの予兆」の色だからです。**

ピンクは、母親の胎内、子宮の内側の色。私たちが最初に出合う色です。人はピンク色を目にすると、無意識にお母さんのお腹の中を思い出して安心感と幸福感に包まれ、リラックスすることができるのです。

ピンクを身に着けると、体の力がふーっと抜けます。リラックスは、伸び伸びと自分らしさを発揮するための基本です。また、安心感と幸福感のピンクを加えた顔で人と会えば、お相手は癒しを感じるので、対人運も上がります。

また、色彩心理学では、ピンクは幸せ、愛情、優しさ、思いやりなど、幸福の象徴の色であり、また金運を呼ぶ色とされています。

そのピンク色を顔に加えることは、未来の幸福を先取りすることにもなるのです。

私もメイクだけでなく、服装、ファッション小物、インテリアなどにもピンク色をたくさん使うようになりました。

すると、ますます金運が爆上がりしたのです！

実は、3、4年前までは、メイクにはピンクをふんだんに使っていましたが、服装はオール黒でした。美容の教育に携わっていて、また、お客様を引き立てることも大事だと思っていたので、自分は目立たないようにしていたのです。

でも、色の心理がいろいろとわかってから、ピンクは見た人に安心や幸せを差し上げられる色なのだからと、積極的に身に着け始めたのです。

すると、出会う人たちも変わりました。黒を着ていた頃はちょっと腹黒い感じの人が寄ってくることもありましたが、いまは純度の高い、良い人たちばかりと出会うようになり、運気もますます上がりました。

ピンク効果はすごいです。何かと戦うような意識もなくなり、トラブルといわれるような出来事があっても、「でも、一番よい方向に行く」と思えるようになりました。そして、本当にそうなっているのです。

いまでも黒は身に着けます。でも、スカートなどのボトムス限定です。ジャケットやブラウスなどは、必ずピンクなどの明るい色を着ています。

黒を身に着けるなら、できるだけ上半身は真っ黒にせず、ちょっとコサージュをつけたり、キラキラのアクセサリーを着けるのがおすすめです。

「お金が回る！」「可愛い、モテモテ♪」なりたい自分を言葉にしましょう

先述しました通り、メイクやマッサージなど、自分の顔をさわるときにぜひやっていただきたいのが、自分にプラスの言葉をかけながら行うことです。

なぜかというと、前にも書いたように、私たち人間はつねに何かを考え続けていますが、ほうっておくと、浮かんでくる思考の6割以上がネガティブなことだといわれています。

実際、洗顔したり、化粧水をつけたりするときも、たいてい何か別のことを考えていますよね。しかも大半はよくないことです。これが開運を邪魔します。

たとえば、「あいつ、許せない」とか「お金がない」とか思いながら顔をさわっていたとします。すると、毛穴は宇宙アンテナなので、それと同種のネガティブな情報が入ってきます。

そして、顔は自分が思っていることに左右されるので、「いじわるな顔」や「お金がない顔」になっていってしまうのです。

プラスの言葉を自分にかけて、金運アップ！

でも、「金運爆上げ、金運爆上げ」とか「人気、人気、大人気」とか、楽しくなるような言葉をかけながら顔をさわれば、ネガティブな思考が止まります。邪念が飛んでいきます。

それだけではなく、ちゃんとそういう顔になっていくのです。

ですから、**金運眉を描くときも、プラスの言葉を自分にかけることでより金運アップ効果が高まります。**

脳は、自分と他人の区別がつきません。主語が誰でも関係ないのです。

たとえば「世の中不景気だなあ」とか言うと、「不景気」という言葉だけを受け取って、顔もしょんぼりした顔になり

自分に楽しい言葉がけを！

ます。そういうことばかり考えるので金運も落ちてしまいます。

肉厚ですごくいい鼻だから、本当なら金運爆上げのはずの人も、自分の言葉のせいでお金をなくしていることがあります。

せっかくいい運をもっているはずなのに、「お金がない」とか「お金に縁がない」とか言うからです。それはご先祖様を否定することにもなります。

せっかく大富豪のご先祖様が応援しているのに、ブツブツ文句ばかり言っているからご先祖様がそばに来られないのです。

顔も貧相になって、人にも「お金に縁

のない顔だね」と言われるようになっていきます。そういう運しかこないから、「やっぱりお金に縁がない」となるのです。

逆に、自分に向き合うちょっとの時間でいいので、声を出して自分によい言葉を浴びさせると、脳は「そうだ！」と思ってくれます。**「可愛い、モテモテ♪」でも「お金が回る！」でも、なりたい自分や、ワクワクする自分を言葉にしましょう。**

とくに寝る前は脳に入りやすいので、声をかけながらの洗顔やマッサージはすごく大事です。

私は肌で悩んでいたときもずっと「きれいなお肌」とか「丈夫なお肌」とか声をかけて、自分で自分をはげましながらお手入れしていました。

きれいになってはまた肌がボロボロになったり、救急車で運ばれてステロイドの点滴を受けたり、そんなことの繰り返しでしたが、「プラスの声かけは大事だから、この感覚を知ろう」と思い続けていました。

いまでもそれを徹底していて、「れい子ちゃん、すごい！」と声に出して自分をほめたりしながら暮らしています。息子には「独り言が大きい」と言われますが、「でも慣れた」とも言ってくれます。

運気を上げるために、メイクとか、いろいろなことを一生懸命やるのは大事。でも、最後に**その人の運を決めるのは、生き方や言葉です。**

そういうことで運を下げてはもったいないです。

洗顔するとき、眉を描くとき、メイクやマッサージするとき。あなたも今日から、自分に楽しい言葉がけをして、ほんものの「金運爆上げ顔」「開運福顔」を育ててください。

Part 5

自分を大切な宝石と思って磨き上げてください

男性も金運眉で大開運！

マッチ邪兄さん

Before

After

（著者より）

男性も眉を整え描くことで、大開運しちゃいます！

読者の皆様の中には、彼をご存じの方もいらっしゃるかもしれませんね。

桜庭露樹《つゆき》先生などのYouTubeの敏腕プロデューサー、マッチ邪兄さん。

彼も眉はノータッチでした。ご縁があって、私の金運眉や金運爆上げ億男メイクを知り、お試しいただいたところ、プロデュースしたYouTube動画が大人気になりました！

仕事の依頼も増えて、さらにお忙しくされていらっしゃいます。

お顔つきも、以前と別人になりました！

新たな仕事が増えて引っぱりだこに！

野原広子さん（オバ記者）

Before

After

（著者より）

野原さんとは、雑誌の対談企画で知り合いました。記者として長年活躍してきましたが、60代になっても仕事や人間関係は順調なのに、「お金が貯まらない」と悩んでいました。

まるで七福神のような素敵な福顔をお持ちなのに「なぜ？」と思いました。

その理由は、コンプレックスだという眉間の広さと、おでこを隠すようにメイクと髪をセットしていたからです（Before）。金運眉に整えて、金運爆上げ億女メイクをお伝えしたところ、以後、眉のお手入れやメイクも欠かさずに行ってくださいました（After）。

以前も引っぱりだこの記者さんでしたが、さらに人気が出たそうです！

いつも「金運爆上げ億女メイクのおかげです」と言っています。

家族から新車をプレゼントされました!!

石橋《ばし》厚美さん

Before

After

れい子先生と出会う前は、周りに不満を持ち、人間関係が上手くいかず、家族とも喧嘩ばかりでした。お顔鑑定を受けて、ご先祖様に守られていることを知り、自分の良さを知ることができ、自分を愛せるようになりました!

家族とも関係が良くなり、金運眉を描き始めてから3週後に、なんと家族から新車をプレゼントされました!!

職場では大きな仕事を任されるようになり、金運眉の力に感動しています!

臨時収入があったり、ほしいものが安く手に入るように！

水野千恵子さん

Before

After

昨年までの私は不細工すぎて写真も全く撮れない状況でした。

それがなんと、金運眉を描いたら、臨時収入があったり、ほしいものが安く手に入るようになりました。

今年の夏に沖縄に旅行したいなあと思っていたら、往復航空券とホテル３泊（朝食付き、部屋は上層階、温泉あり、プールあり）が全国旅行支援もあって、一人４万６０００円でした。

それだけではなく、人気YouTuberの邪兄さんの講演会をすることになり、れい子先生の講座でご一緒した方が、遠方から講演会に参加してくださって、とても素敵なご縁に恵まれました。

次はどんなワクワクが起きるのか毎日楽しみに眉を描いています。

仕事への意欲がわいて、働き出しました

細川純子さん

Before

After

30年間専業主婦をしていました。介護と子育てしながら趣味の編み物、フラダンスに明け暮れていて、ひとりで生活すべての収入を得るなんて、以前はまったく考えられませんでした。

金運眉を描くようになってから、仕事への意欲がわき、フリーランスで働き出しました。

いまは、たくさんのご縁をいただき、お仕事も順調です！

つい先日も実家から臨時収入がありました。毎日がワクワクです。

投資運と不動産運が急上昇しました！

高木千佳子さん

Before

After

「強運で、幸せになれる顔の決めては眉」と教えていただいてから、眉の形にこだわりを持ち始めました。金運眉にしたら、何と投資運と不動産運が急上昇しました!! 嬉しい♡です（笑）。

今後の展開が楽しみです。

そして自分軸も整い、成長にも繋がり、スムーズに事が運びます。信頼できる、素敵な方たちとのご縁にも繋がり、運の強さを実感しています。

金運眉、最高です！

れい子先生に出逢え、開運福顔を教えていただいたことに感謝しています。

「すごい変わった！」と言われ、収入も爆上がり！

高橋麻子さん

Before

After

れい子先生と出会う前は仕事はしていたけれど収入が覚束なく、また自分に自信が持てずにいました。特に人前で話したり目立ったりすることが本当に苦手でした。

金運眉のことをれい子先生に教えていただいた日から、第三の目が開眼したかのように、目の前の見える世界が突然変わりました！

その変化は周りの人にも気づかれ、「なんかすごい変わったね!!」と口々に言われ、以来、人前に立つお仕事をいただいたり、運営しているYouTubeチャンネルの登録者様も増えたり、また私が金運眉をお伝えした方々の収入も爆上がりしました。

もちろん私も、それ以来収入が増え続けています。

その経験が自信となり、先日は目標としている数字を初めて達成することができました！

れい子先生に出会えたおかげさまで、金運もマインドもどんどん良くなっています！

金運爆上げ億女メイクで、講話を依頼されました！

佐藤しおりさん

Before

After

金運眉に整える前の私は、人生やさぐれていました。いつもイライラしていて不平不満ばかり。誰かのせい、なにかのせいにして生きてきたように思います。

悲しみと怒りの中で生きていたのかもしれません。

しかし、眉を整えてからは、素晴らしい方々に奇跡のように出会い続けています。

いまや私の周りには、個性溢れる天才の方ばかりになりました。

また、金運爆上げ億女メイクを教えていただいて、実践していると、人前でお話する機会がふえました。月イチペースで、4回も講話を依頼されました！

「笑顔のチカラ。開運はお顔から」というテーマでお話しいたしました。

また、FacebookLive シオリーヌの突撃インタビューを、毎日配信。100日配信に挑戦しております。（8月23日現在82日目）

赤字続きの店が、予約の取れないお店に大変身！

鎌形今日子さん

Before

After

千葉市で鍼灸マッサージ院とエステを経営しております。
美容鍼をやっていて、お顔鑑定と一緒にできればよいなぁと思って木村先生の講座を学びました。

自分の運命改善にはまったく期待はしていなかったのですが、木村先生のレッスンを受けて、まずは「自分の眉を変えなさい」と指導を受けて、自分の眉毛を変えてみたところ……まったく期待してなかったことが次々と起こりました！

まずはじめ、別居中だった旦那様と復縁したことです。

少しの誤解から悪い方向ばかりへ向かってましたが、誤解も解けて、また仲良しになることができました。こんなことがあるのですね（笑）。

いまはとても平和に、毎日楽しく過ごしています。

レッスンを受ける前は、お店の経営が不振で、毎月赤字続きで苦しんでいました。

そんな時、驚きの臨時収入が入り、思い切って一度院を閉めて（店を閉めるのにもお金がかかるんです……）新しい院を立ち上げたところ、美容鍼が大ヒットしました！

予約がどんどん入り、いまではなかなか予約の取れないお店に大変身して、生活も収入も安定しました。いまは家庭も仕事も楽しく幸せです。

眉毛を変えるだけで、家庭運や金運が上がるなんてびっくりです。

どうもありがとうございます！

眉を丁寧に描くようになったら、自己肯定感が上がりました

鈴木りえさん

Before

After

シェービングサロンを経営しています。

私はお客様ばかりきれいにしていて、自分のことはいつも二の次でした。表に出ることはしたくないと思って、自己肯定感がとても低かったのです。

れい子先生から金運眉を学んで、自分に向き合って、眉を丁寧に描くようになりましたら、根拠のない自信に満ち溢れてきて、自己肯定感が上がり、行動力が湧いて、ビジネス関係でも外に出ることが多くなりました。

すると周りから、「りえさん変わった」「最近、輝いているよ。どうしたの？　オーラがある!!」と、言っていただけるようになりました。

たくさんの素敵な方とのご縁ができて、運がどんどん開いているので、開運を実感しています。すごいです!!

サロンでは、私の理想のお客様が来てくださるようになって、物も自然と売れるようになりました。私と同じように幸せな人を増やすために、いまでは、れい子先生の愛弟子として、金運眉の作り方と描き方を広めています。

お顔磨きは「人生を一瞬にして変える力」があります

平木みゆきさん

Before

After

顔面麻痺になって以来、メイクもせず、笑いもせず、外出する時は顔を帽子やサングラスやマスクで覆って出かけていました。

自分の写真もとらず、鏡すらもまともに見ていなくて、自分の顔を大切にしていませんでした。

「人生を一瞬にして変える力が顔にはある」ということを知ってから、鏡を見始めるようになり、お顔磨きや、眉を念入りにメイクをし始めた途端、自然と笑顔も増えて、取り巻く環境が変わってきました。

臨時収入があったり、旅行が当たったり、仕事の問い合わせが増えたりしてきています！

男性と縁がなかったのに2人からデートに誘われ、臨時収入も！

上杉初代さん

Before

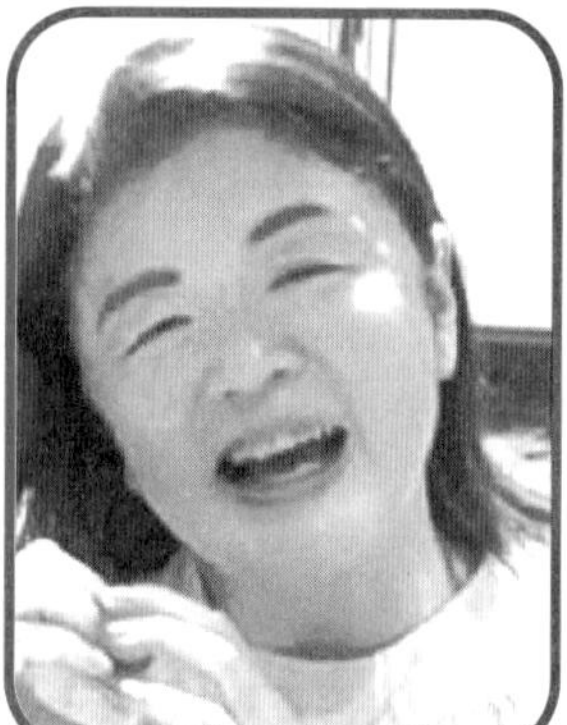

After

れい子先生から「開運ラッキーメイク」を学び　いままで苦手だった写真撮影が大好きにな

りました。皆さんの嬉しそうに輝いている笑顔が好きだからです。

また、友人たちにも大切にされるようになり、今年初めて2人の方にお店で誕生日のお祝いをしていただきました。

また、これまではまったく男性と縁がなかったのですが、2人からデートに誘われました。

あと、少しだけですが臨時収入もありました。開運ラッキーメイクを習得してから、私のまわりがガラリと変わっていき、ワクワクがとまりません！

運命が好転して、家族全員がハッピーの循環に！

池田敦子さん

Before

After

私は専業主婦なので、長年家族のサポートをしていました。親族の病気や自分の癌を乗り越えて、幸せだと思っていました。

コロナ禍をきっかけに人生を振り返っていた時、奇跡的に木村れい子先生と出会え、観相学と、開運ラッキーメイクなどを教わったことから、お陰様で毎日を上向きに過ごせるようになり運命が好転しました！

希望の住まいが見つかって、夫の仕事がどんどん発展。大学生の娘も勉強、バイト、恋愛と、家族全員、金運だけでなくすべてハッピーの循環に。

これからの人生は、金運、開運爆上げに導いていただいたれい子先生のメソッドをお伝えする活動に励みたいと思っています。

不安感がなくなり、最高の人生を楽しんでいます

古屋秀子さん

Before

After

金運爆上げ億女メイクと出会う前の私は、メンタルの浮き沈みが大きくて、人前では明るく振る舞うことはできても周期的に沈んでしまうことが多く、人と関わりを持たないように孤独な人生を歩んでいました。

眉を整え、メイクもしっかりするようになったら、人前での恥ずかしさや不安感がなくなり、人間関係が円滑にいくようになり、楽しくなってきました。

同時にさまざまなご縁にも恵まれ、社交的になり、どこに行っても恥ずかしくなく、気後れすることなく、堂々と振る舞うことができるようになりました。

多くのメンターの先生方とも親しくさせていただき、旅行や研修等アクティブに動ける私になりました。

自分軸も整い、落ち込まない、安定した豊かで幸せな毎日を送っています。

趣味のお花を旅館にも生けたりして、最高の人生を楽しんでいます。

金運眉にしてから、思い切ってショートヘアに！直感やひらめきもさえてきました

大穂郁子さん

Before

After

以前は前髪でおでこをしっかりと隠していました。肌はくすみがちで顔を出すことにも自信がなく、何事もクヨクヨ考えがちでした。

スキンケアをして、おでこを出して、金運眉を描いてから、思い切ってバッサリとショートヘアにしました！

鏡を見る度に、自信や嬉しさが湧き出て、日々気分よく過ごしています。

直感や閃《ひらめ》きもさえて、タイミングも良くなり、嬉しいお誘いやイベントが増えました。

友人や仕事の素敵なご縁も広がって、やりたいことをワクワク楽しみながら進めています。

私が思う「億女」の定義

女性は家の女神です。女性が変われば家族も、家全体も変わります。

だから、女性はみんな「億女」になっていただきたいのです。


私の思う「億女」の定義は、もしここに5億円とかの高価な宝石があったとします。でも、それよりも輝いているのが私だということです。

自分を資産と考えてください。資産が目減りするのではなく、年々価値が増す高級住宅地や高級マンションと思ってください。

とくに年を重ねて45歳以上になったとき、年々その資産価値を高めていく生き方ができる人。

それが私の「億女」の定義です。


自分を大切な宝石と思って磨き上げること。もちろんトイレ掃除、床掃除、靴磨きも大切です。でも、それと同じかそれ以上に大切なのが、**顔磨き、運磨きです。**

そうすると家相、家運もよくなります。

貧乏神と福の神は本当にいらっしゃいます。どちらに住んでいただけるか、そのカギはすべて顔が握っています。

家相学の先生がおっしゃるには、福の神はキラキラしたものが好きだそうです。そして正統派で、玄関から入っていらっしゃる。だから、玄関が磨いてあると「キレイだな」と喜んで入ってくださいます。

ところが、そこで迎えた私たち女性がすっぴんで、お手入れも保湿もしないからピカピカしたツヤもなく、眉もない。そんなふうだと、福の神は「失礼しました」と帰ってしまいます。

そして、代わりに貧乏神が「呼びましたか？」とやってきて、家の中に住むことになります。

私が最近思うのは、「あはは」と大笑いしている家、それは家の中にいる人が、福々しいピカピカの億女、億男の顔になっている家です。

そうすると、福の神様がいっぱい家にやってきます。ぜひあなたも億女、億男の顔を手に入れて、家も大笑いさせてあげてください。

女性の本能は「きれいになりたい」

結局、女性はいくつになっても本能が「きれいになりたい」なのです。

美は力です。美は世の中を変える力なのです。

女性がきれいになれば、男性が元気になるし、世の中がピカリ出します。

訪問美容から始まって、開運美容を日々何十年も続けてきましたが、みなさん本当に元気になって輝きました。鏡を見た瞬間「わぁっ」と声をあげるのです。

笑顔もなく隅のほうにいたおばあちゃんも、ニコニコ顔になります。それまでは自分の年齢や見た目のことでネガティブになり、誰からも相手にされずに孤立していたのです。

それが、きれいなおばあちゃんになってしまったので、「おしゃれしよう、洋服も買おう」と生活を楽しむようになったのです。お嫁さんとも仲良くなったり、孫にも自分から声をかけるようになりました。きれいになりたい女性の本能に、年齢はまったく関係ないのです。

だからあなたも、あきらめないでください

だからあなたも、絶対にあきらめないでください。

45歳からだんだん大事になるのは、**「大切にされる運、愛される運」**です。

それにはほおを高くすることです。**ほおを高くすると、その運が45歳以上から爆発的についてきます。**ほおがペッタンコだとその逆になります。

先述した開運造形美容や金運爆上げ億女メイクでも、ほおは大きなポイントです。

ほおを高くすると、世界最強の魅力顔、人気顔になります。

ほおを高くするのに一番いいのは、思いきり笑うことです。観相学では、一番大開運の顔相は大笑いなのです。口を大きく開け、歯を見せて「あははは！」と笑いましょう。

金運眉を描くと同時に、しょっちゅう大笑いしてほおの位置を高くしておく。これはいくつになってもみなさんができる大開運法です。とてつもなく人気者になると、お金もザクザクついてきますよ。

大笑いで金運・財運・愛情運がやってくる

私はひとりのときでもニコニコ笑っています。

運転していても、危なくない程度にニコニコしています。

最近は「れい子さん、寝ていても笑っているんでしょう？」と言われますけど、たぶん笑いながら寝ていると思います。それくらい笑顔が身についています。

私がなぜここまで突き抜けているかというと、「運を落とさない方法」を根っからわかっているからです。そこが甘い人が多いので、半端じゃなく思いきりやってください。

「これは世界最速の大開運の方法で、すべての人に共通の顔が使えて、しかもお金がかからない！　これしかない！」と、大きなメガホンで世界中に叫びたいです。

これを誰もが実践したら、どんなに世界が変わるかと思います。


みなさん、自分の顔を大好きになると愛がめばえます。

人間は自分を愛せると人を愛せるし、お金も寄ってくるのです。

愛は、自分の顔の中にあります。

自分の顔が大好きになってニコニコ笑い顔になったら、観相学ではそれが一番の開運になるのです。「笑う門には福来《きた》る」と言いますよね。ことわざは神様の言葉ですね。

どんなときでも気にしないで笑い飛ばす！　これです。


笑いの中でも、口を開けた大笑いをすると、金運、財運、愛情運がやってくるのです。

これが観相学での運です。


そして、笑いは私たちがためてしまった邪気も出してくれます。

大人っていろいろなものを抱えますよね。どんな楽しいことをしても、旅行しても、どこか気になるもやっとしたものがあったりする。

そういうものも、大笑いすると全部出ていきます。そして、空いたところに良いエネルギーが入って来て、その日のうちに解決するのです。

金運眉を描きつづけた父に奇跡が起きた！

最後に私の両親の実例をお話ししたいと思います。私の父は今年99歳、母は92歳です。父は1年ほど前に肺炎になって、隔離病棟に入院しました。その年齢なので、何も食べられなくなり、1か月で20キロもやせてしまいました。

お見舞いも止められていましたが、肺炎が治ったと言われて息子と一緒にとんで行ったら、入院前は元気に歩けていたのに、歩けなくなって車いすに乗っていました。導尿の管をつけられ、やせ細って見る影もない。そんな父の姿を見て大泣きしてしまいました。

病院に勧められたリハビリの病院への転院は断り、すぐに車に乗せて、自分で手配した、自宅近くの手厚くお世話してくださるホームに入れてもらいました。

父：木村健治

母：木村年

ホームに入居するとすぐに、化粧水などの顔をピカらせる道具と、眉のペンシルを持って行き、自分が会いに行ったときは父の顔に眉を描いてあげました。

ホームの人にも最初はびっくりされましたが、「自分が行けないときは、父の眉を描いてください」とお願いしました。


眉をきちんと描けば、父の先祖の中でもすごい先祖が「がんばれよ」と出てくるし、顔をピカらせると神様が出てきます。ホームの小さな部屋ですが、福の神も来てくれるし、目に見えない存在がみんなで応援してくれます。とにかく絶対にあきらめませんでした。


そのうち、だんだん状況が変わっていきました。

父は毎日「絶対家に帰る」と言って、場所を忘れないように、家までの地図をノートに書くようになりました。

私の息子にスクワットを教わったりして、車いすから降りる準備も始めました。少しずつ、肉も食べられるようになりました。目標は家に帰ることです。

そして半年後。父は奇跡的に家に帰ることができたのです！

これにはホームの人もびっくりです。

「いままでその年齢で家に帰った人はいません。文献で発表していいですか？」とおっしゃるので、「どうぞ。名前もオープンに出してください」と言いました。

99歳の父と92歳の母の「幸せ二人暮らし」

そしていま、90代の両親は仲良く家で暮らしています。

朝起きたら、洗顔してきれいに身づくろいをする。

人に会わない日も薄化粧して顔にツヤを出す。眉を描いて口紅もつける。

これをずっと、いまも続けているのが、現在92歳の私の母です。そのおかげで頭もはっきりしているし、99歳の父と夫婦二人だけで暮らせています。

高齢ですが、二人ともボケていません。

もちろんいろいろと不自由はありますが、週に3回ほどデイケアに通わせていただいて、いつも「幸せだね、楽しいね」と言って暮らしています。

1回も「もう死にたい」とか「もういい」とか言いません。「ありがたいね、感謝だね、ここまで生きてこられて感謝だね」と言っています。

そんなにお金があるわけではないですが、二人の口ぐせは「お金がたっぷりある。幸せだね」です。デイケアの施設でも二人は人気者です！

いまでも二人は毎朝自分で眉を描いています。母は家にいるときでもフルメイクして、おしゃれしていますし、父もスラックスをはいて、きちんと身なりを整えています。

私は本当に、父と母の子どもであることを誇りに思っています。

両親は「福を呼び込む顔」をしていることで、そういうマインドで暮らせるのです。

二人の一番の楽しみは私と息子と一緒に、うなぎを食べに行くことです。それもお店まで自分で足を運びます。

お酒好きの父は、ホームにいたときも、許可を得て日本酒やビールを飲ませてもらっていました。なんと、いまでも1か月に6升もお酒を飲みます。顔はいつも元気でツヤツヤです。

眉を描いて、顔にツヤを出し、才能を伸ばし、人にも助けていただいて、お金を呼び込める顔をつくる。強運のご先祖様に応援していただける顔をつくる。健康長寿をかなえる顔をつくる。口を開けて大笑いして、人に愛され、大切にされる顔をつくる。

そうしたことをやっていけば、いくつになってもやりたいことができて、最期まで幸せに生きていけると確信しています。

やっぱり顔が大事です

私はいま、美容心理学や美容療法も研究しています。

高齢になるとQOL（生活の質）はどうしても落ちてしまいますよね。超高齢社会に向かってこの分野がどんなに大事なことか。先述の通り、顔は、脳に直結しているからです。

うちの両親は、そこをちゃんとしているからボケないのです。その上、二人とも5、6回は転んで流血したりして死にかけていますが、そのたびに元気に生還しています。

顔がいつもちゃんとしていると、人は凜とするのです。「生きる」という遺伝子のスイッチがオンになるのでしょう。村上和雄教授もそうおっしゃっていますよね。

私はこれまでの経験でそれを知りました。

「顔と脳と運」。この道一筋でコツコツと続けてきて、いまに至っています。

幸せに生きて天寿をまっとうするのに顔が大切なことは、みんながなんとなく知っていて、でも本気で追求してこなかった分野です。

人生100年時代になったいま、私はそこを突き抜けた本気で伝えたいのです。

「顔しかない」と。

『金運は眉で決まる！』
新刊を記念して、講演会を開催します！

講師：木村れい子　日本開運学協会 理事長

世の中のすべての人がお金をかけずに大開運するカギは、金運眉！

愛、仕事、才能、お金、人気、健康のすべてが叶います。

「驚きの臨時収入があった！」「年商が10倍に！」

「投資運と不動産運がアップ！」「億の一戸建てを購入」など、
喜びの声が続々——！

金運眉を描けば、翌日に運命が変わります！！

本講演では、金運眉のほかに、「金運爆上げ億女メイク」やマッサージとは違う「開運造形美容」についてなど、お顔磨きの詳細や、60代からブレイクした木村れい子さんの「運を引き寄せるひみつ」など、本には書けなかったこともお話しします。この機会をお見逃しなく！

さあ、あなたの金運を爆上げしましょう!!

講演：2024年1月20日（土）
開場：13：30　開演：14：00　終了：16：30
※サイン会もあります

会場人数：70名限定
会場参加：8,000円（税込み）
アーカイブ配信：5,000円（税込み）
※同時配信ではなく、講演の数日後の配信となります。

お申し込みは下記のアドレスにお問合せ下さい。

お問合せ：http://tokuma-sp.moo.jp/kimurareiko_event/stand-by/

※東京都のコロナウイルス対策における自粛要請により、会場での開催が難しく中止の場合や、動画配信に変更される場合もございます。予めご了承ください。

木村れい子（きむら　れいこ）

「人の運は顔から始まる」の考えのもと、40年以上にわたり、東洋の観相学、人相学、脳科学、開運術を学び研究し続けた「開運美容家」。日本開運学協会理事長。開運顔相鑑定師。開運ラッキーメイク家元。「すべての運は顔から始まる」をモットーに、これまでのお顔鑑定の人数は１万人以上に及ぶ。自分の顔の素晴らしい運を知り、自分に自信を持ち、顔を磨き上げて福相になることで、福の神に愛されるお顔作りのパイオニア。1500年続く達磨大師の「観相学」と額と眉を光り輝かせることで開運する「開運美容」を掛け合わせてできた独自の「開運ラッキーメイク」は、「運を味方につけ、ツキを呼び込むメイク法」として、コロナ以降の新しい時代に、メディアでも大注目を浴びている。最近は金運爆上げ億女メイクなどの取材も殺到中！お顔の開運顔相鑑定士・開運ラッキーメイクセラピスト・開運造形美容講師・開運骨盤底筋ヨガ＆女性ホルモン力指導資格講師等を養成するほか、講演や企業セミナーなど精力的に行っている。メディア掲載多数：「女性セブン」「女性自身」「週刊女性」「ゆほびか」「GLOW」「婦人公論」など。フジテレビ特番「〇〇によると」に出演（バナナマン設楽さんMC）。著書に『すべての運がたちまち目覚める「開運福顔」のつくり方』（サンマーク出版）がある。

日本開運学協会
https://nihon-kaiun.com/

木村れい子公式 LINE

金運は眉で決まる！

第１刷　2023年11月30日
第２刷　2023年12月10日

著者　　木村れい子
発行者　小宮英行
発行所　株式会社徳間書店
〒141-8202
東京都品川区上大崎3-1-1　目黒セントラルスクエア
電話　（編集）03-5403-4350／（営業）049-293-5521
振替　00140-0-44392

印刷・製本 図書印刷株式会社

ISBN978-4-19-865716-1